半間灶披間

上海小廚房・燒一桌人情滿溢本幫菜

食家飯 著

目錄

輯壹 蔬活茶趣

輯貳 似水流年

輯參 大江南北

輯肆　海洋鮮饌

輯伍　世事波舟

作者序

上海人把廚房叫做「灶披間」，而且以前的上海，灶披間多是公用的，一家一半。早些年，我就經常在這樣的半間灶披間裡燒菜給朋友們吃。

六冷盆六熱炒、大菜大湯加鹹甜點心，一個人就這樣一桌桌酒水燒出來。那時候的南昌路還是個菜市場，方便買到很好很新鮮的食材，不遠處的全國土特產商店又有各種精采的南北貨和作料。

下午開始準備，切切配配都弄停當，晚上朋友到齊，吃一會兒冷盆聊聊天，熱菜也很快一只只跟著落鍋上檯子了。江浙的看家菜不用說了，飯店裡吃到好的，也能學個彷彿給大家換口味。吃過我燒的菜，應該會有很好的記憶。

現在不太這樣操辦了，一是怕累，二是好的食材難覓，作料也不盡如人意。懂得吃的人呢，也少了。大家呼嘯著去館子大吃一頓，賓主也能盡歡。

家裡有張請客人多時候用的圓臺面，和普通的圓臺面可不一樣，由各種小小的木塊拼出花紋，非常考究美麗。如今還在，只是好久沒用了，大概也要一直這樣冷落下去了。

不過沒關係，我還可以用一支筆寫這食物的榮光。

「綠蟻新焙酒，紅泥小火爐」。菜已經上桌，散發著迷人的香味。我像個主婦，帶著滿足和一點愉快的疲倦，招呼朋友們入席。

請大家這就動筷嘗嘗味道吧。

輯壹

蔬活茶趣

青菜做的寧波熗菜

青菜，在北京叫小油菜，在臺北叫青江菜，如果你在北京或者臺北的餐廳裡點菜，光說一個炒青菜，侍者就會追問一句：什麼青菜啊？因為在那裡，青菜是所有綠葉蔬菜的統稱。而青菜在上海呢，它就叫青菜，雖然它有個名字叫上海青，但沒有上海人會連名帶姓這樣叫法。就像自己的孩子小名就叫「小青」，稱呼時理所當然不必特別說明「張家小青」、「李家小青」，或者「我家小青」的意思。可見上海人對青菜特有的親切。

青菜，是江浙滬最常見、最便宜的綠葉蔬菜。菜市場裡一年四季都可以看到青菜的影子。記得有一年青菜豐收，賤到一分錢兩斤[註1]。即便如此，仍有不甘的主婦蹲在菜筐邊上奮力剝菜皮，直把一大棵青菜剝剩一個嫩菜心，才覺買得精刮上算。外地人常詬病滬上男男女女格局不大，也不是沒有道理的。

青菜有很多品種，口味好壞相差很大。長梗窄葉，梗子顏色深，葉子翠綠的是夏天上市的客菜。夏季日照時間長、雨水多，青菜長得快，質脆，味道淡，炒出來一碗菜，半碗水，咀嚼有渣滓，是口感最差的品種。

冬天來臨，青菜生長緩慢，味道一點點好吃起來。直至降霜，青菜被晚間的霜打過，如同經歷過一點風霜變幻的女人，自然會有溫順沉靜的表情。菜裡的糖分沉澱，且梗糯葉嫩，口感極佳。好的品種也多在冬季應市。最多見的，是上海本地出產的矮腳大青菜，胖墩墩，矮垛垛，菜葉寬大，梗子根部又厚又彎像柄勺子，所以也叫瓢菜、瓶菜、湯勺菜，兩三棵就有一斤重。再有就是本地小棠菜，也是矮胖的樣子，只是體型小。小棠菜比矮腳菜口感更細膩，甜味略重，因為個頭小，考究點的，可以剝去菜皮，只留拇指大菜心，用雞油炒，是一味上檔次的蔬菜。松江地區還產一種青菜，叫做太湖菜，葉子像花開一樣打開著，看起來比矮腳菜還矮一點。菜葉墨綠色絲絨一般，肉嘟嘟的，極厚。也是青菜中的上品。

這時的青菜真是價廉物美，清炒、炒麵筋、炒香腸、炒香菇，蹄膀湯裡擺一點，雞湯裡也好擺一點，包餛飩，包重油菜包，做菜飯、菜湯麵，是怎麼做都好吃的。

寧波菜裡，有一種叫「㸆」的做法，是指葷素食材加各種作料，小火慢慢收乾、充分入味的過程。墨魚大㸆，鰻鯗[註2]肉，㸆彌陀芥菜，㸆大頭菜，㸆金絲芥菜，都是採用這個做法。㸆出來的菜，調味料深度滲透食材，食材原味被濃縮，水分被完全抽離。都是下飯、過老酒的上好小菜。

寧波㸆菜就是青菜㸆出來的。青菜去外皮，去蒂，整棵自梗至葉，剖成均等四瓣或者六瓣，橫切就沒賣相。適量油，不要太多，很多人覺得㸆菜是油煨出來的，其實不然，㸆菜是靠火候，油太多顯膩，反而不美。加入青菜翻炒，至菜七分熟，加入醬油、桂皮一段、茴香一顆、少許糖，加蓋改小火慢煨。這次加的糖不能一次加足，只能加三分之一左右，先放入太多糖在㸆的過程中容易焦。隔幾分鐘可以開蓋翻一翻菜，也可以搛一根嘗嘗味道。至青菜完全軟塌入味，再加入足夠的糖，收汁、㸆乾。

寧波人出名的節儉兼要面子，一碗菜端上桌，賣相勿好推板（寧波話：差）。於是寧波㸆菜裝盤後，總是要再薄薄淋一層清油，亮光光的才算有面子。其實這一招於口感上屬於錦上添花之筆，入口更覺滑糯了。我覺得用麻油淋一下的話，尤其清香、滋潤。有些餐廳喜歡在菜的顏色上做文章，為了好看在㸆菜上擺一撮鮮紅的辣椒，那真不光是不協調，而是天沖地克，渾身不搭界的事情了。

有人說最正宗的寧波㸆菜應該是用天菜心做的。沒錯，但是天菜心不易得。現在一般餐廳也好，家庭也好，也就多是用青菜做的了。

註1：中國以公斤二分之一為市斤，簡作斤。
註2：「鮝」，教育部國語辭典說它唸「想」，意即「魚乾」。

吃筍

上海人是真喜歡吃筍。

臘月裡冬筍上市。金衣白玉，玉一樣的筍肉，什麼菜裡搭兩片，哪怕是做做顏色呢，菜便立刻高級起來。最嫩的筍尖切絲，和薺菜、黃魚肉包一盤筆桿春捲。中段切片，燒烤麩、炒雙冬、煨蝦子肉皮。老筍頭也不捨得扔掉，拍拍碎，放在湯裡千滾萬滾，吊出山野裡清風雨露的香味。

冬筍要挑矮矮胖胖彎彎的才好，像老式女人的繡鞋，叫做繡鞋筍；還像一隻懶動的鸚哥，也叫鸚哥筍。年輕人是不懂了，只挑頎秀的買，老闆則樂得騰出手來，一門心思和一手抱著「繡鞋」一手抱著「鸚哥」的老練主婦討價還價。

臘月裡也是有春筍的，上海人叫竹筍，可這時市面上的竹筍是江西、四川來的，挑嘴的上海人不太愛買它，倒不是為了不跟國寶搶吃的——這人饞起來，那是老虎嘴裡的食也敢搶的——

是因為江西、四川的筍味道淡，上海人叫淡水氣，不那麼討人喜歡。

立春前後，浙江的竹筍大量登場。浙筍好呀，肉質細而緊，澀味輕，筍香濃。而且浙筍一上市，價錢就下來了，油燜筍和醃篤鮮是三天兩頭要吃的家常菜，一直吃到落市。

明蝦燜筍也很家常，現在卻不太有人懂得做它。大明蝦整隻切段，加蔥薑，在油鍋裡小火煸出紅油，撈出蔥薑才下筍塊，袁枚說過：切蔥之刀不可切筍，因蔥和筍味相沖。再加醬油、糖、米酒少許和水適量同燜。燜至香味四溢，忍無可忍，即可出鍋。這初春的明蝦腸肥腦滿，有些可以看見背後粗粗一根紅筋，也是它的膏，可別當泥腸挑了。這樣的明蝦過油一煮，紅豔豔嬌美異常，彷彿專程來溫暖竹筍寒素的生命。

再晚呢，就有毛筍了。毛筍是立春後破土的冬筍，今天才從泥地裡露個尖頭，晚間下一場春雨，第二天就躥得一尺多高，筆筆直，愣頭愣腦的樣子。毛筍口感粗，曬成的筍乾叫玉蘭片，拿來㸆肉、燉老鴨湯都極好。鮮筍就覺得味道澀，吃多了胃燥。

我家是很少吃鮮毛筍的，不過用雪菜清水煮毛筍塊，一滴油星也不見，我倒很欣賞。雪菜的清鮮把毛筍煨得沒了脾氣，澀味還在，不過變得淡淡的，別有一種風味。此菜的名字雅緻，叫做雪筍。雖然還帶個雪字，終究是殘冬了，配一碗新燜得的東北大米飯，覺得春天真的來了。

So much spring 之拌雙筍

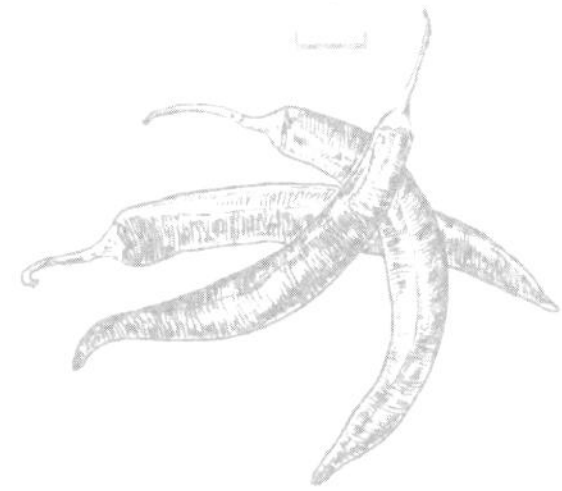

和牛牛一起看一部英國老片子《春意盎然》，英文是「So Much Spring」。「到底是老早的人的講究，『So Much Spring』翻譯成『春意盎然』，多麼貼切美好。」我忍不住讚嘆。牛牛冷笑一聲說：「是啊，叫你翻的話恐怕要翻成『很多彈簧』了！」我差點厥倒。

不管怎麼說春意盎然總是美的，今年上海的冬天特別漫長，這兩天冬天似乎終於到盡頭，以此為標題介紹三道春意盎然的時令小菜，也是有關三個城市的記憶。

竹筍、香萵筍，都是南方春天的鮮貨，傳說香萵筍「發」，其實也還好，終究是食物，只要吃得適量，總不至於發成什麼樣。竹筍、香萵筍都只取筍二分之一靠筍尖的部分，也就是要極嫩的筍才好吃，順絲切成細條。香萵筍在開水中一燙即熟，竹筍可要在水中多煮一會兒，出鍋馬上沖冷開水使之冷卻，以確保爽脆口感。然後加鹽、麻油拌勻，即是道清口冷盆。雙筍一個嫩黃，一個翠綠，如姊妹花嬌俏悅目。花俏一點，加點豆豉丁香魚，就是丁香魚拌雙筍。外面有賣現成的小瓶裝丁香魚，味道很不錯。

單身的時候，住在上海老房子裡，有家鄰居阿姨燒菜燒得全無章法，每每指點也是不得要領。唯春天時候這道拌雙筍倒是常做常有，因我讚過一次味道好，阿姨很得意，每次做，必盛上一小碟給我送來。我建議她可加點丁香魚提味，最後這道菜竟成阿姨家餐桌上的明星出品。這樣鄰居間的關照，現在已經不可得了，但每做這道小菜，還是會得想起那樣的溫情。

「So much spring 之馬蘭頭拌香乾」

馬蘭頭是一種野菜，從前春天到了，小孩子們會拿一把小剪刀，提個竹籃或小布兜去郊外綠地揀馬蘭頭。現在馬蘭頭都是人工種植的，菜市場就有得賣。「三月馬蘭勝似藥」，是說野菜能清火解毒，纖維豐富，經常吃點野菜對人體有好處，但真的生病了最好還是去看醫生。

馬蘭頭最常見的吃法是拌香乾，我發現很多野菜都是跟豆製品搭配來吃最對味，比如香椿芽拌豆腐、水芹炒香乾、薺菜豆腐羹，要是搭配大魚大肉反為不美。

馬蘭頭用開水燙一下，切碎；香乾切碎，加鹽、麻油，拌勻，即是最基本的做法。有人喜歡將馬蘭頭和香乾切得粗粗的，取其粗豪耐嚼；有人喜歡將之切成細末，取其細膩精緻。兩者皆可取，見仁見智罷了。如果再加點花生碎，可增加香氣與口感的層次。我曾經嘗試加入一些炒熟的松子，覺得入口更滋潤，香得也更細膩。但不管加花生還是松子，炒的時候只能是乾炒，不能用油炒，用油嫌膩，有違野菜滋味清淡的本意。

前幾年春天在法國旅行，吃了一個月的法國菜後，我頑固的中國胃開始鬧情緒，那些剛剛熟悉了的菊苣、甘藍，那些熱戀了一個月的好吃的法國馬鈴薯、番茄和刀豆都開始失色，我苦苦想念上海春天上市的種種新鮮菜蔬。回到巴黎，在超市裡凡看到中國菜，再貴也會忍不住買了讓安波哥哥做給我吃。一天，居然發現新鮮茼蒿，四個歐勉強買夠炒一盆的量。可是安波哥哥說當地出產的茼蒿縮水厲害，如果用油炒，會縮成水湯湯一小攤，難以成菜。安波哥哥一貫疼愛我，眼見這害了饞癆病加思鄉病的小妹妹眼巴巴非要在法國吃上這一口茼蒿，如何是好？

安波哥哥是我大舅舅的次子。懂吃會做的大舅舅四子一女，表姐安琪是揚州飯店大廚莫有財先生的女弟子。這五人個個是用單隻假手（滬語，指左手）就能燒十個人一桌酒水的傢伙。這點事情倒還真難不住安波哥哥。最後，他是用馬蘭頭拌香乾的做法，做了個茼蒿拌香乾。茼蒿有特殊的清香，這山寨版的做法竟一點不比正宗的遜色。後來在上海，沒有馬蘭頭的季節裡，我有時也做做茼蒿拌香乾，一邊想念春天巴黎的農貿市場上的菊苣、甘藍，十幾種好吃的馬鈴薯、番茄和刀豆，一邊想念安波哥哥。

「So much spring 之香椿芽拌豆腐」

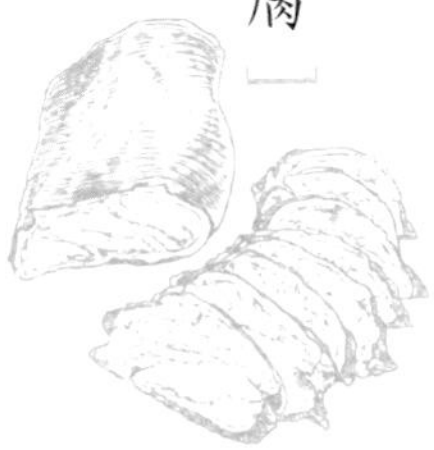

北京是北方地界，冬天，北地苦寒，蔬菜品種少得可憐。小時候在阿姨家曾看到阿姨用一個個奶瓶裝滿切成塊的番茄上籠蒸熟，趁熱擰緊蓋子，土法做成真空瓶裝番茄，要吃整整一個冬天。也曾為看到北京人家家戶戶門口小山似的白菜和一捆捆的大蔥驚訝不已。即使到春天，北京的蔬菜品種還是要比南方的少很多，品質也往往不盡如人意。

但北京有一樣春天的時鮮菜，南方少見，就是新鮮香椿芽，而且是芽頂帶些微紫色的紫香椿，是香氣比較濃郁的優良品種。香椿芽是從「以八千年為春」的椿樹上採摘下來的，我想大概並沒有被作為蔬菜廣泛種植，而且一年最多摘兩茬，從立春開始可以採摘，到清明前結束，只有明前，沒有雨前一說，比龍井的採摘期還短，所以上市數量不多。

市場裡偶有售賣的香椿芽被紮成手腕粗一把把，深綠中透著沉靜的紫色，不多的幾小把在其他尋常的蔬菜堆裡顯得矜貴，價格卻不見特別高，真是先到先得，遲者自誤。

香椿芽炒雞蛋很好吃。香椿芽焯水，切碎，加鹽略捏一捏，用來拌豆腐，淋上幾滴麻油，更是春季難得的美味。私以為香椿芽拌豆腐，是所有涼拌豆腐菜中的無上妙品。香椿的香氣獨樹一幟，充滿野趣，豆腐的家常味道樸實沖淡；香椿芽色彩濃厚豐富，豆腐潔白無瑕；香椿芽有微妙的嚼勁，豆腐爽滑輕靈，兩者配伍，實在是相得益彰，味覺上、視覺上都極雋永。

南方的春天是隨風潛入夜的，常常在綿綿細雨和衣服的增增減減中猶豫著就來了。而北京季節鮮明，經過漫長寒冷的冬天，春天來臨的景象總令我深深感動。昨天孩子們還穿著棉猴兒呢，今天天突然就藍了，陽光在雲朵間恍惚，那些在冬天裡伸向荒涼天際的枝椏艱難地爆出新芽，遠遠地看著，像一團團毛茸茸的綠色薄霧……而飯桌上的一盤香椿豆腐，也是北京春天獨特的訊息。

二刀草頭

草頭是苜蓿的嫩苗，農人種它原是當作綠肥或牧草，江浙人把它的新葉當成一種美味的蔬菜，別的地區少見，我在北京生活的三年裡，就常常想念它。

我媽媽說，吃客要吃「頭刀韭菜，二刀草頭」，頭刀韭菜好理解，大凡蔬菜總是新上市最鮮嫩的最貴、最好吃，為什麼草頭偏偏要二刀的好？我不明白，每每吃的時候就留了個心。慢慢發覺頭刀草頭太嬌嫩，碰不起，尤其上海人吃草頭講究只吃尖尖頭上三片葉子，頭刀草頭這三片葉子一沾熱油就萎靡，沒有一點嚼勁，香氣也淡。而二刀草頭恰似八、九點鐘的太陽，香氣蓬勃，咀嚼時有微妙的韌勁。我的二伯伯甚至特為要吃三刀四刀的草頭，覺得老草頭才香，耐嚼過癮。

初上市的時候，草頭九・五元一斤，今天變成八元一斤，說明已經是二刀草頭了。草頭一天一個行情，除了用價格分辨草頭的批次，有經驗的主婦用手一捏就能判斷，不會的覺得神乎其技，其實多實踐幾次就會找到感覺。除草頭之外，豆苗、米莧、茼蒿菜都可以用這個方法判斷老嫩，用手鬆鬆地捏半把菜，感覺柔嫩不會摜頭摜腦（滬語，此處指疲軟），有彈性不會強頭倔腦（滬語，此處指僵硬），就是新上市的好菜。就算捏了吃不準，這麼專業的動作也很唬人，菜老闆看到大概不敢唬弄你了。只是注意：捏起來手勢要輕；只捏一把，只捏一次，在這一把一次中作出判斷，千萬不要這把捏捏，那把捏捏，橫捏豎捏，那是要被人罵山門的。

草頭吃油，從前講究的人家是起個大油鍋，用竹筷子夾起一團草頭，按在熱油裡，要讓鬆蓬蓬的草頭一團團逐次吃透油。現在的人沒有那份耐心，但油多火旺是必須的，可以用鑊鏟打橫架在油鍋中，草頭一倒入鍋中，即抄起鑊鏟翻個身，這樣也算讓草頭快速地面面俱到受熱吸油，是個將就的法子。

草頭是素小菜，但煸炒時要噴點酒，而且最好是高粱。這一招典出何處已不可考，我一直覺得第一個往生煸草頭裡加高粱的人比第一個吃螃蟹的人有更加了不起的想像力。噴了高粱的草頭，鮮香被瞬間提升。平凡與出色，就是半勺高粱酒的距離。

上海人酒桌上婉拒拚酒，形容自己酒量淺時，常常會說：我吃老酒勿來勢（滬語，不行），只有炒一個草頭的量。大家一笑之後，往往便放伊過門了。

鹹蹄膀蒸茭白

最近胃口不大開，老是想吃鹹小菜，昨天到南貨店裡轉轉，買了一只鹹蹄膀，回家蒸茭白。

請店裡的師傅將蹄膀豁開，取出蹄膀的骨頭，留著以後做個芥菜鹹骨頭湯最好。蹄膀先整個在水中浸上一兩個小時，不然會太鹹。再用加了料酒的水浸半個小時，蒸的時候就不用再加料酒了。這時候蹄膀呈鮮豔的粉紅色，聞著噴噴香。

茭白切成細長的滾刀塊，在一個稍深點的盆子裡碼齊，鹹蹄膀切成厚片，鋪在茭白上，再打兩個蔥結就可以上籠蒸了。

這道菜，做做不稀奇，工夫全在採買上。買鹹蹄膀也不稀奇，上海老牌的南貨店裡很容易挑到好的鹹蹄膀；難的是挑茭白。

上海人買小菜，什麼都是本地的好，本地小棠菜、三林塘蠶豆（本地豆）、本地蘿蔔等等，但茭白偏是無錫茭白好。無錫茭白，色面呈象牙色，口感糯，沒有纖維的枯澀，味道清香，沒有淡水氣，久蒸不會萎縮，是上海本地茭白所不及的。用鹹蹄膀蒸無錫茭白，蹄膀中的油水和皮中豐富的膠質將茭白煨得鮮香潤糯，茭白味道倒要比蹄膀還討巧。如果選了上海或者別處出產的茭白，鹹蹄膀蒸透，茭白卻蔫蔫的灰禿禿，沒有了彈性和香氣，這道菜就最多只能打五十分了。

春天的菜市場裡，時鮮蔬菜品種多，貨色好，價格自然也很貴，這兩天茭白竟然賣到十元一斤，賣茭白的阿婆自信地說：「我的茭白是熱氣的呀，你自己比比看，人家的是冷氣茭白呀。」上海人吃肉講究吃熱氣肉，就是沒有在冷庫裡冰凍過的現宰鮮肉，用「冷氣、熱氣」形容蔬菜倒是第一次聽到。我聽她說得俏皮，一高興也沒細選便信了她。回家一剝開茭白綠色的外皮，即知道這茭白雖然新鮮，但路子不正，不是無錫茭白。

有人要說，茭白長得都差不多，茭白臉上又不鐫名字，怎麼能知道它老家是無錫還是別的什麼地方呢？很簡單，選茭白時，剝開茭白的外皮，茭白表面疙疙瘩瘩而不是光潔的，茭白體形略粗且呈扁圓，而不是滾圓的，符合這兩項，就十有八九是正宗無錫茭白了。

這次買的不是無錫茭白，蒸出來果然不如人意，算算無錫茭白是要比本地茭白晚幾天上市的，過些日子，要重新做一遍這道菜才好。

清炒豆苗

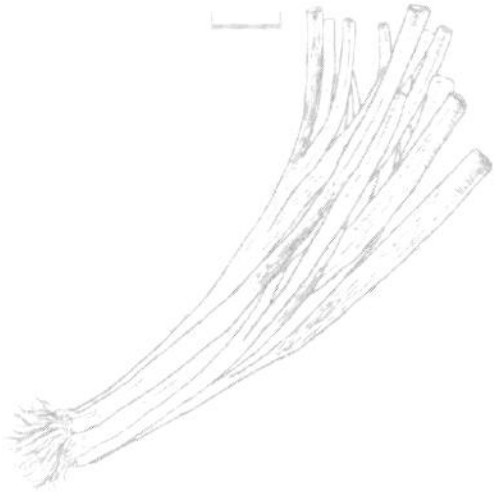

今年，江南的春天來得分外拖遝，已過春分，仍舊有冷雨夾著刺骨的寒風，所有的花樹都還是冬天的裝扮。倒是春季的蔬菜，並沒有減緩應市的腳步。

上海人吃飯，桌上總要有一兩種蔬菜，這一兩種蔬菜裡，還要有一種新鮮綠葉菜，上海話叫「青頭菜」。上海人說：好幾天沒吃蔬菜了，倒不是說天天魚蝦葷腥，很可能瓜菰茄薯類還是吃了一些，但這些都做不得數，上海人非要吃幾片綠葉菜、「青頭菜」，才覺得舒心落胃。

江南的綠葉菜多，天天翻花樣也翻得出來。冬天最好的霜打小棠菜還沒完全落市，上海人已掉轉頭去吃新下的菜秸，粗粗的秸梗又糯又甜；新韭葉子頂端尖尖的，身子寬寬的，根部有隱約的一抹紫紅，是再貴也要買來吃的頭刀韭菜；茼蒿淺淺的綠，像罩著一層霜，是最嫩的大葉茼蒿。

形容春天，人們經常會用「鶯飛草長」這幾個字，江南春天的草也盡是能入菜的。薺菜、馬蘭頭，即使是城市裡五穀不分的女人，也總能在萌動的春草中，一眼分辨出它們的身影。薺菜腐衣卷、馬蘭頭拌香乾，是輕巧活潑的家常小菜。苜蓿，北方人拿來餵牲畜，而苜蓿苗的頂尖三片嫩葉，卻是江南人稱草頭的珍蔬。雖然草頭要吃個嫩勁，刁鑽的食客卻是不喜歡吃頭刀草頭的，嫌其香氣不濃，沒有嚼勁。偏要用二刀草頭，落豬油，噴白酒，才是地道的本幫酒香草頭。

豆苗，當然是豆科植物的苗，但很多人大概直到看到這篇文字，也弄不清楚豆苗到底是什麼豆的苗？江南的豆苗，指的是小豌豆的苗，比火柴梗稍粗的枝子上叉出三四片嫩綠的葉子，頂上還帶著一根初發的細蔓。豆苗被採摘以後，就不能再結豌豆，如同被過早收割了最好的年華，從此便一路平淡了。

所以豆苗也始終被鄭重其事地使用在各類菜餚裡。芙蓉雞片裡點綴兩片，借點青翠的顏色。雞湯裡放半把，借點清鮮的豆香味。我不太喜歡將豆苗放在雞湯裡，彷佛是一個文秀的女子嫁入豪門，倒也不算嫁得不好，但侯門一入深似海……我還是寧願把豆苗配了一碗無油少鹽的手打魚丸湯，兩下裡相敬如賓，是可以長遠到老的。

豆苗唱主角，便就只有一個做法——清炒。起大油鍋，油九分熱，下豆苗保持大火快速翻炒。感覺豆苗開始軟塌，加少許鹽，即可出鍋。這是真正意義上的清炒，只需要加一點點鹽，其餘的任何調味料都是多餘的。豆苗帶著豆類特有的鮮香，咀嚼時有婉轉的甜味在舌尖遊蕩，完整的味覺已經無需修飾，實在是春蔬仙品。

現在很多餐館的功能表上，都能看到清炒豆苗這一味，每每點上來一看，是一種比綠豆芽還孱弱細小、帶著兩片葉子的小豆芽。雖然細，口感卻粗得很。即使下足作料，遮不住一股野草氣。和真正的豆苗不可同日而語。

大概是因為豆苗挑揀起來麻煩，老嫩全憑手指甲細細判斷。一般飯店哪肯在一盤素小菜上費這工夫。所以最好的清炒豆苗多數只有在家宴上吃得到。

一日與「留美坐家」在名聲在外的某餐廳吃到正宗的豆苗，老闆特地過來介紹，說每一根菜都是選了豆苗中段炒的，頭尾全部棄之不用。我莫名其妙。老闆解釋，是為了保持一致的口感和賣相。尾巴上老一點，棄之可以理解，豆苗頂尖最嫩，扔掉豈不可惜？一致的口感從何說起？賣相又是怎樣個好法？真是矯枉過正了。我與留美坐家面面相覷，暗笑著嘀咕：不知今日摘下的豆苗尖都去了哪裡？我們倒不介意打包回家呢！

菜單

炒豬肝、清炒雞毛菜、蛤蜊冬瓜、鹹白菜炒肉片，要加點辣椒和青蒜炒，非常下飯。

百變冬瓜湯

冬瓜可以解暑、清火，是夏日恩物，最宜用來做各種湯品。我粗略想了想，可以和冬瓜搭配做湯的，不下幾十種。

配蔬菜的，有番茄冬瓜湯、毛豆扁尖冬瓜湯、蔥油冬瓜湯；配鹹乾貨的，有蝦皮冬瓜湯、開洋冬瓜湯、淡菜冬瓜湯、干貝冬瓜湯、鹹肉冬瓜湯、火腿冬瓜湯；配鮮葷的，有蛤蜊冬瓜湯、河蚌冬瓜湯、雞蓉冬瓜湯、肉圓冬瓜湯。還沒算冬瓜做配角的，已經夠半個月不重覆的了。

冬瓜湯，再笨的人大概也做得來。均是先將配料煮至出味，下冬瓜厚片。只需稍微注意火候，不要把冬瓜煮得太爛就算過關。上桌前撒一把青蔥或者香菜，已是一鍋好湯。

然而，不是我賣關子，我做主婦入廚許多年，還真沒見過一道哪怕是最簡單的菜，能做得完美而不需要任何訣竅的。如此簡單容易的冬瓜湯也不例外。

冬瓜要挑得好。看看橫切面，瓜皮與瓜肉接壤的地方，要有半指寬一條泛出翠色的過渡帶，而慘白的瓜肉與瓜皮界限分明的，則味淡肉散。去囊要去得乾淨，棉絮狀的部分口感軟塌，不值得保留；去皮也要去得乾淨，冬瓜片上不能有青筋殘留。

切下的瓜皮呢？這還用問，一定是扔了。

冬瓜皮是一味中藥，其利水、清火、解暑的作用遠在瓜肉之上，據說還有美白的功效。食瓜肉而棄瓜皮，實在有買櫝還珠之嫌。冬瓜皮不能直接吃，可以將瓜皮洗淨，開水燙一潽，去除瓜皮上的小絨毛和蠟質，再加水用小火煎透。見冬瓜皮軟熟泛黃，湯水微微帶點綠色，撩去瓜皮。再用這冬瓜皮煎成的水來製作各式冬瓜湯，清香撲鼻，營養與味道兼美。

很多食物的皮、殼、筋、衣都有食用或藥用價值。如，橘子性熱，多吃上火，而橘瓣上的筋是清火的，一起吃即可中和寒熱；白果過多食用會中毒，白果殼焙乾碾成粉可解白果之毒；甜蘆粟好吃，手卻容易被蘆粟皮劃傷，用蘆粟皮上的粉刮下一些塗在傷口上，可以止血、收斂……凡此種種，內外相生相剋，不假外力，自成一體。多用一點心思，才不辜負造物的奇妙恩典。

菜單

今天沒時間多做，本幫燻魚、調味花生醬、冬瓜毛豆蹄膀鹹肉湯，鹹肉真好，燒得一房間的香啊。吃一點泡飯。

絲瓜毛豆老油條

很多人不喜歡吃絲瓜，覺得滑膩膩、軟塌塌的口感不佳。廣東、福建地區把這種江南種的絲瓜叫水瓜，當地另有一種體型大得多的，表皮有八條稜，叫做八角天羅，是絲瓜的另一個品種，烹煮後口感相對俐落，味道卻要比個頭瘦小的江南絲瓜差一些。而覺得江南的絲瓜軟爛不堪食者，多是因為不懂得如何料理，江南絲瓜其實可以做得很可口。

絲瓜長不盈尺，細細的，頂部還帶著半萎的黃花，正是好吃的時候。瓜皮有縷縷翠色，剖開瓜，只帶有極少的籽。這時的瓜肉最鮮嫩，但如果處理不當，即使只是快速過油、汆水，也很容易軟塌沒有骨子，自然不討人喜歡。

絲瓜要去皮，但是一定不能用普通的刨刀將瓜皮刨盡。要用竹筷子，那種最普通的方柄毛竹筷，簇新的，有分明的稜角。江南的巧婦們，都會用這樣一支毛竹筷，使一點巧勁兒，將絲瓜皮最外的一層刮去。內皮還附著瓜肉，顏色是通透欲滴的碧綠。這樣燒出來的絲瓜，因仍有一層內皮護著，不易過度熟軟，口感上剛柔相濟，瓜香也濃郁得多。

絲瓜香味清澈，不宜用重油，也不宜與任何口味重濁的食材匹配。絲瓜蛋湯、絲瓜魚腐、絲瓜蛤蜊，便都是遵循著這個規則。毛豆配絲瓜頂好，一點也不會掩了絲瓜的味道。

毛豆先用清水煮至九分熟，過涼水保持綠色。早餐剩下的半根油條，剪成一公分長的小段，重新炸一遍待用。絲瓜用竹筷去外皮，切成斜長的隨刀塊。起小油鍋，下絲瓜和毛豆同炒，用適量鹽、糖調成玻璃芡快速勾一勾。絲瓜一經勾芡，綠意更濃，且能保持隨刀塊漂亮的外形，與瓜皮完全刨淨炒出來的那種灰頭土臉的顏色、垂頭喪氣的樣子，不可同日而語。最後放入老油條碎翻炒兩下裝盆。

老油條如燦燦秋陽一樣，襯得絲瓜毛豆翠玉一般可愛。一勺入口，絲瓜滑而不萎，毛豆酥糯，老油條又香又脆。滿口活潑潑的夏日風情。這是一道江南人家最尋常的夏日小菜，我卻總在思忖著，是哪一位知心的廚娘，懂得善待這嬌嫩的江南絲瓜，又是誰想出這天才的法子，將絲瓜毛豆和老油條配在了一起？是經久琢磨後費心的撮合？還是只因惜物，無心插柳的偶成？雖不得解，終因美味，滿心感激。

絲瓜很容易養，有一個小小的陽臺就可以自己種。即使是鋼筋水泥的叢林中，一個有絲瓜棚的陽臺，總是會有一點豐子愷老先生護生畫那樣現世安穩的情懷。春天埋下種子，支兩根棍子，搭幾根繩索，也不需怎樣費心，絲瓜藤便蓬蓬勃勃地攀援上升。黃花開，蝴蝶、蜜蜂飛過，果實多得每每出乎你的預期。自己種的，方便現摘現炒，兩三根炒上一盤菜，得享十天半個月的口福。

菜單

金銀蹄圈冬瓜湯、豆豉蒸筍殼魚、蔥薑炒活梭子蟹、四喜家常豆腐、油燜雙菇、清炒雞毛菜。筍殼魚第一次吃，魚肉柔嫩，唯缺點鮮味，幸有豉油幫襯，非常雋美。

雞毛菜洋山芋湯

社區門口是條丁字路的頂端，過路人不多。毒日頭底下，一個鄉下人竟挑這冷清的地方賣自己種的雞毛菜。我走近了瞧，籃子裡還剩了淺淺一個底，便悉數買了。雞毛菜萎得快，不能放隔夜，這一堆也有兩三斤，一邊挑揀，一邊琢磨今晚如何消受。

清炒雞毛菜是上海人家夏日最常見的小菜，只是不太上得檯面，大飯店是吃不到的。街邊小店裡倒是有，因為小飯店採買廉價貨，挑揀不仔細，又不捨得油，常常是炒得稀淌咣水一大盆，黃黃綠綠的像草似的，嚼起來辛苦，壞了清炒雞毛菜的名聲。家裡炒，先將洗淨的雞毛菜晾晾乾，起大油鍋。炒雞毛菜和炒青菜不同，不需要最後添水加蓋地燜，只熱油快炒，加作料出鍋裝盆。

如果用雞油炒，平添一股鮮香，顏色味道立刻華麗起來，只是攢點雞油不容易。大熱天炒個糟油毛菜倒好，只需在關火後，趁著鍋內餘溫，淋上點糟油，拌開了即得。

再挑個三、四兩菜先切切碎，用細鹽捏一捏，暴醃個兩小時，擠去水分。百頁切絲，與醃妥的菜碎一起下油鍋爆炒，就是暴醃雞毛菜百頁絲，過泡飯最好。存過夜也不妨，雞毛菜還是碧綠的。

我的最愛是雞毛菜洋山芋湯，上海人嘴裡的洋山芋就是馬鈴薯。別的菜裡叫洋山芋也可以，叫馬鈴薯也可以，唯有這雞毛菜洋山芋湯，沒有人把它叫做雞毛菜馬鈴薯湯的，亦不能顛倒次序叫做洋山芋雞毛菜湯，是上海人的一個約定俗成。

洋山芋要挑新洋山芋，柔和的小雞黃，去皮，切成厚垛垛的片，先在鹽水裡煮酥了，記得用小火，大火水滾，洋山芋片容易碎，成菜不好看。淋上素油，放入洗淨的雞毛菜一滾即熄火。即使是這麼簡單的家常菜湯也有奧妙。鍋子離火後，一定要立刻在大量冷水裡浸泡，使之快速冷卻，否則夏日高溫，只一會兒，湯的餘熱會把雞毛菜焐得又爛又黃，沒了嚼頭，失去清香，反而有股爛菜皮的腥氣，這湯就算前功盡棄了。

這是夏天一道非常清爽的湯，也是我喜歡的宵夜。雞毛菜其實是小白菜的嫩苗，遠比青菜、小白菜香味更濃郁；新馬鈴薯軟糯，冷悠悠的吃起來尤妙。夏夜裡，捧著大湯碗，坐在籐椅上乘風涼看電視，見那女主角對負心的男人說：我不求你愛我了，只希望你能永遠記著我。嗤，都不愛了，哪還耐煩記得您貴姓。我忍著笑吃兩塊洋山芋，吃幾根雞毛菜，內心有巨大的guilty pleasant。

雞毛菜也有幾個不同品種，葉肥枝粗的那種做湯尚可，炒起來就不夠細巧，出水極多亦影響口感。另一種極纖細的，菜莖比綠豆芽還細，其實最老，也非佳品。好的雞毛菜葉片像把小勺子，菜莖粗細適當，就同小母雞的毛一樣略有點彎，勻勻亭亭的，看著就悅目，香氣也足，不論湯菜，百吃不厭。

「手撕包菜和捲心菜湯」

新聞說菜農的捲心菜多收了三、五斗，不過銷路不好，收購價才幾分錢。農人也不採摘了，由著菜們爛在田裡。過幾天就看到菜市場旁邊的小百貨店、糧食店，都在門口堆出一筐筐捲心菜，其實是牛心菜——長得真像牛的心臟，捲心菜中較好的一個品種。菜們都被剝得快剩一個芯子，極嫩，掂在手上水靈靈、沉甸甸，細細的葉脈，春水般的綠色，從根部至葉尖上漸漸變深，多麼漂亮的一棵菜，不過賣到一塊錢一斤。我幾乎是懷著憐惜的心情帶回兩顆，憐惜這生不逢時的菜，也憐惜辛苦種菜的農人。

手撕捲心菜很簡單，用手將捲心菜葉剝下，洗淨，撕成巴掌大小。起油鍋，加紅乾辣椒與花椒爆香，可將辣椒與花椒粒瀝出，倒入捲心菜，翻炒至菜葉略微變軟，加鹽、糖少許出鍋。如有炒熟的白芝麻，撒上一點，賣相口味俱佳。

中菜對食材的切割甚可推敲，絲、片、丁、末、條、塊……大小粗細各異，切、剁、斬、剞、剖、批……繁簡刀法不同，對應於各種菜式皆有奧妙。如文思豆腐裡千百根與火柴梗一般粗細的豆腐絲當然具精細勻亭之美；如這手撕包心菜，刀也不屑用，只用手撕一撕，也自成一番粗獷自然之姿。手撕的捲心菜，邊緣模糊，不規則切面更易入油入味，菜片大小不等，滋味濃淡有細微的差異，使這類單一食材的菜餚，生出些許趣味。

一次在一蘋家廚房幫忙，一蘋剁肉，囑我料理洗淨的長茄子。我眼見她占著案板[註3]，就說：等你用完案板我再來切茄子吧。一蘋劈手奪過一根長茄子，挑一把小刀，刷刷刷用削鉛筆的手勢削出細長滾刀茄子條，麻利瀟灑不在話下，還抽空回頭瞪我一眼，笑道：人笨萬事難。茄子這樣切法，根本不用案板，且茄肉切面大，下鍋易吸油，真是個好辦法。後來在梅璽閣主家看他做油燜茄子煲，更是刀也不用，只用手撕成不規則條狀，也是同樣道理。你看，光是切個茄子，三人行，竟要拜兩人為我師了。

小時候，喜歡吃捲心菜湯，就是把捲心菜切小片，白水加鹽煮，淋一勺熟油而已。我今天來做個升級版捲心菜湯。小板豆腐切寬片，兩面炸黃，水發香菇十數個，加水、鹽少許同煮。這兩樣東西吊湯[註4]，是和用油皮、鮮菌、筍、豆芽吊素高湯同理。點睛之筆是要加一大片生薑，生薑很多時候並非為了祛腥，而是取薑中淡淡的辛味以刺激味蕾。小火十分鐘後，加入捲心菜。捲心菜煮熟時，轉為微微透明的玉色，金黃的豆腐和棕色的香菇相間其中，盛入透明大湯碗，令人想到印象派的夏日池塘。是一道極其清爽甘醇的素菜湯。

最近幾乎每天的餐桌上都有捲心菜的身影，我無非有個幼稚的想法：大家多吃幾棵捲心菜，也許可以幫幫菜地裡愁眉不展的農人。一邊吃飯，我打開電視，今天的新聞是：大白菜又多收了三、五斗，不過銷路不好，收購價才幾分錢……

註3：砧板。

註4：精製鮮湯。將濾後的清湯加熱到近沸騰，加入剁細的雞肉，在不沸騰的情況下進一步吸附湯內的懸浮物和增加溶解的蛋白質等鮮味，撈出雞肉過濾，取用湯汁。

茄汁花菜與私房花菜碎

今天讀到一段報導：「花菜對殺死導致胃癌的幽門螺旋菌具有神奇功效。」「有些人皮膚一旦受到小小的碰撞和傷害就會變得青一塊紫一塊的，這是因為體內缺乏維生素K的緣故。補充的最佳途徑就是多吃花菜，能使血管壁加強，不容易破裂。」我胃不好，又如文中所說極易起「烏青塊」，我那麼喜歡吃花菜，大概是身體自然選擇的結果。

清炒花菜、花菜炒肉片、開洋炒花菜、香菇炒花菜、臘肉炒花菜、茄汁花菜，我一個人能空口吃掉整整一大顆。因為喜歡，漸漸歸納出一套挑選本地花菜的獨門祕笈，能在市面上良莠不齊的花菜中甄選出精品。

先是鑒貌，花菜要選大的，一顆最好在兩三斤左右，拿在手上沉甸甸，花冠上顆顆小蕾生長充分，凸起明顯。有的花菜個頭小，掂著倒也墜手，但花冠表面平坦模糊，則是加了過多催生素，已經長僵了的花菜。那樣的花菜，用手掰，紋絲不動，要用刀劈，一經燒煮卻又糊爛，全無筋骨，亦無香味，一股淡水氣。

其次辨色，本地花菜花冠奶黃色，色面蒼白則不行。有人覺得這樣形容太抽象，那麼就反過來剝開菜葉，看看花菜莖，本地花菜的莖必定是綠色的，那種獨特的綠幾乎有點像夜光錶發出的那種淺綠螢光，是本地花菜身分的證明。花冠上有棕黑色霉斑，是不新鮮或儲存不當的標誌，但如果有極淺的棕色痕跡則是陽光照射形成的曬斑，正說明這花菜不是大棚菜，是承受陽光雨露的好花菜。

福建出產一種花菜，莖極長，花序較散，長得真就如同一束花樣，名副其實。水分含量不及本地花菜高，也是花菜中的佳品，江南市場上並不多見。燕子南下探親，就會給我帶回好幾大顆嘗鮮。

花菜掰成一朵朵，頂端直徑一圓硬幣大小，不妨連上一兩公分的菜莖，本地花菜的菜莖也是很好吃的，甚至可以單獨拿來切片做涼拌菜或者川式泡菜。

炒花菜一般都要先焯水，焯水時最好先加點鹽以入味。這本地花菜一經沸水，立刻騰起一股花菜的清香，綠色的花莖也變得更加鮮明、水靈、精神。嫩黃花朵在水中輕快地翻滾，每一朵似乎都在迫不及待地歡呼：快來吃我吧！快來吃我吧！

茄汁花菜所用的番茄要選平頂的雌番茄，取其汁液豐富。番茄有雌雄，其實蘋果、生梨都有雌雄，兩者口感大不相同，這是題外話，不在此文展開。

番茄去皮切碎，入油鍋煸出汁水，倒入花菜翻炒，加鹽、糖，燜一兩分鐘收汁起鍋，酸甜可口，清新開胃。如果調味時加一些番茄醬料與帕瑪森起司粉，則醇厚濃郁別有一番西洋風味。

將花菜掰得如黃豆般極細小，與七分精三分肥的肉末、金華火腿純精上方碎末、冬筍中段指甲片同炒，撒蔥花適量，加清雞湯起薄芡略燴一燴，是我的私房花菜碎。花菜如此炮製，很有點《紅樓夢》中「茄鮝」的排場，但吃起來卻不會有劉姥姥那般的感嘆：「別哄我，茄子跑出這味兒來，我們也不用種糧食了，只種茄子了。」各種配料在向花菜貢獻了鮮美的同時，並不唐突花菜質樸的淡香與咀嚼時的樂趣。單憑這一道花菜，配上絲苗白飯，胃口稍佳者，連罄兩三碗，根本等閒事。

炒雙冬

冬筍出產在浙江、安徽的山區，每年十一月到來年立春前後，上海的小菜市場都能買到冬筍，而很多外省市是不太吃得到新鮮冬筍的。北京就沒有。有一年回北京，特意剝好了五、六個彎彎的矮胖冬筍，準備給哥哥嘗鮮，卻遇大雪關閉機場，改簽轉機的混亂中不知不覺竟給弄丟了，心痛了好幾天。但願撿得了的人懂得吃它。歐洲沒有竹子，自然也沒有筍。年前看到鄰居家的阿姨拎著滿滿兩大袋冬筍進門，說是要剝好了給外國人帶回去，他家女婿是個歐洲人。歐洲人這樣懂得吃筍，也算狠的了。

冬筍香味清遠，能吸味而不奪味，爽脆口感久煮不失，在很多菜餚、點心裡面，冬筍都是一名優秀的配角。扣三絲、薺菜冬筍炒雞片、過年的三鮮砂鍋、春捲的餡子、炒年糕的佐料，都少不得這一味。

唯炒雙冬，冬筍占了半壁江山，算是半個主角。還有一「冬」是香菇，上海人叫香蕈，北方人叫冬菇，這原是一道魯菜，所以就叫炒雙冬。

現在農貿市場[註5]裡新鮮香菇、乾香菇，各種等級的應有盡有，在舊社會[註6]，可是要過年過節憑一些奇怪的票證才能買到的稀罕物品。我家過年的家宴上，清炒蝦仁之後，一定跟著上一盆泛著栗色油光的炒雙冬。這一盆炒雙冬，幾乎用盡了我家年節的香菇配額，剩下的，媽媽一定用個密封的瓶子珍藏起來，只夠偶爾做做配菜的了。

冬筍切片，香菇冷水過夜發透，不用切，要用原只的才漂亮大器，如果香菇太厚，可以在香菇頂上剞個十字花以入味。冬筍先在油鍋裡小火煸透，祛除筍的生腥氣。水煮也可去澀，這樣炒出的雙冬比較清爽。香菇瀝乾，也先在油鍋裡煸一會兒，香菇吃入油，香味就散發出來。事先用浸發香菇的水，加醬油、老抽、糖，勾薄芡，入鍋用中火收一收汁即可。裝盆後淋幾滴麻油，頂兩葉香菜或小撮蔥末，用以提亮菜色。

昨晚突然想念這一味菜，炒一盆下飯或做素麵澆頭都好。去菜市場看看，冬筍只賣到五元一斤，才意識到這乍暖還寒的天氣不覺立春早已過了，這筍用來炒雙冬已是吃不得了。改天做雪筍吧。

註5：在城鄉設立，可自由買賣農產品的一種傳統市場。
註6：指「文化大革命」時缺吃少穿的年代。

荸薺木耳炒肉片

荸薺，上海人習慣叫地梨，或者馬蹄。荸薺的身分有點尷尬，它既是水果，也常常做為一種蔬菜入餚。

荸薺削皮，切片，不要太薄，三公釐左右的樣子；黑木耳用水發過夜，去根，撕成較荸薺片略大的一朵朵；肉片量要少，在這道菜裡，肉片幾乎是佐料，只為增加一點肉鮮味，不可喧賓奪主，肉片更不能帶油，要用純精的里脊肉，如果此菜中見了肥肉，便失卻清新甘爽口味，是非常掃興的。肉片加鹽、料酒，起薄漿，還是用熱鍋冷油的法子滑炒。另起一油鍋，油至九分熱，推入荸薺、木耳翻炒，待荸薺受熱微微變得透明，即可加入滑過油的肉片和蔥花翻炒片刻出鍋。

這道菜，荸薺甜得隱約，與木耳有相異的爽脆口感，很好吃但並不下飯，也不宜下酒，它只能做兩道菜之間的過渡。打個比方，它就像樂曲中兩段主題旋律之間的間奏。可以想像一下，家宴上，一道松鼠鱖魚緊接著一道八寶葫蘆鴨一道蝦子蹄筋再跟一道乾燒明蝦……每一款都是激情飽滿的大菜式一定會讓食客吃得氣吭（滬語，上氣不接下氣的意思）。中間必須有一道色彩明快、味道清淡、口感活潑的小菜緩衝，荸薺木耳炒肉片就非常符合這個要求。

此菜中肉片一角用青蝦代替也妙，其他工序同上。青蝦去頭、去殼、剔泥腸，可以留著尾巴，取其豔紅的顏色。背部剞一刀，蝦肉受熱收縮，團成一朵花樣，襯著雪白的荸薺、黑色的木耳，青蔥點綴其間，姹紫嫣紅煞是好看。

荸薺可以做成地梨糕，沒吃過的人可能會想當然認為它是用糯米加地梨蒸成的糕點。其實是用瓊脂與薄荷葉熬水，加冰糖，凝凍前撒入切成細絲的地梨製成。綠瑩瑩透明的薄荷瓊脂凍裡一絲絲潔白的地梨，可以想像有多麼美觀，入口甜絲絲，滑溜溜，涼悠悠，沁人心脾。小時候溽熱的夏季裡，媽媽會不厭其煩去南貨店買瓊脂，去中藥房配薄荷，去水果店挑地梨，回來忙半天做成這美麗的地梨糕給我解暑並解饞。現在市面上五顏六色的果凍大行其道，不知道年輕的媽媽們是否還有這份耐心給孩子們做點地梨糕呢？

早些年淮海中路雁蕩路口附近，有一家蘇州人開的食品店，賣些橘紅糕、麻酥糖、棗泥餅等嘉湖細點，有個極其雅氣的名字就叫「野荸薺」，湖綠色招牌上規規矩矩三個柳體正楷令人難忘。「野荸薺」原是可與采芝齋比肩的名店，很久以前已經關門大吉了。

輯貳

似水流年

白斬雞

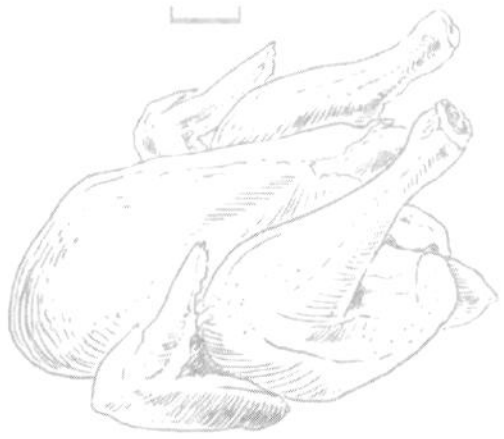

白斬雞，正牌嫡出的上海菜。陸文夫的《美食家》裡，朱自治孔碧霞水陸紛陳的家宴上有這一道；王安憶的《長恨歌》裡，王琦瑤請嚴師母和毛毛娘舅第一次便飯也有這一道。從前上海人過年的時候，怎麼也要想辦法弄一隻活雞，做隻白斬雞，無雞不成席，這是年夜飯上最撐檯面的一道冷盆。現在市場上，雞多的是，但要選到一隻品質上乘的草雞，絕非易事。

我知道的人之中，家母是最會挑雞的。媽媽極愛吃雞，並專寵白斬雞一味。所以挑雞永遠親力親為，不假他人，即使是攤主隆重推薦，也必要過一過手。抓住雞翅膀，掂一掂分量，捋開雞胸部羽毛，掃一眼皮色，只幾秒鐘，就能從雞爪、雞嘴、羽毛、皮色中看出端倪。如同用眼睛把雞過了一遍條碼似的，馬上給出評分。雖說挑雞以爪、嘴、皮三黃，尤其皮黃為遴選不二法門，但黃到什麼程度並無量化標準，全憑經驗。我每選購，十發六中，功力遠未到火候。媽媽當然百步穿楊，一劍封喉。如果草雞也有天敵，大概就非家母莫屬了。

上海的浦東三林塘的草雞最正宗，一歲多的新雞皮緊，肉嫩，油勻，味鮮。浦東還出一種騸雞，即被閹割過的公雞，因飽食終日無所用心，隻隻重達五斤以上，諢名「浦東九斤黃」，鮮香肥美尤在新母雞之上，現在實屬難得。江浙皖三地，也多優良草雞品種。除出這三省，雞的品質就完全不在一個檔次上了。至於上海目前滿大街各種旗號的三黃雞，根本是快速養殖的，色面慘白，皮與肉之間不見脂肪，口感鬆散，是方便外行人解饞的速食，不上檯面的貨色。

哥哥從北方來，媽媽精挑細選兩隻草雞，一隻偏幼嫩，取其柔荑，一隻偏豐碩，取其肥腴，為求兩全其美，一併煮了，雞胸白肉盡棄之，光挑翅、背、腿部活肉拼做一大盤金燦燦完美白斬雞。哥哥一雙筷子只管照著白斬雞不停招呼，冷落了一旁懷才不遇的河鰻、生不逢時的蝦仁，只能枉自嗟嘆了。

白斬雞的烹飪方法是最最簡單不過的了，不過也考火候。兩斤半上下光雞一隻，冷水淹過四分之三雞身，加蔥薑、料酒，大火煮沸，轉小火十分鐘，中間可翻一面雞身，熄火後燜十分鐘。這兩個十分鐘，即是要訣。這樣燜出來的雞肉極嫩，雞腿骨中骨髓仍然鮮紅，甚至帶有少許血水，就像三分熟的上等牛排，是白斬雞的最佳狀態。

燜過十分鐘後的雞仍然很燙，小心撈出，在大量涼水中沖透，使雞皮緊緻，口感韌中帶脆，如果任其在雞湯中泡至冷卻，則雞皮熟爛，口感盡失。這時的雞餘溫尚在，還是不能斬切，須謹記所有肉類家禽都不能在它還是熱的時候就切，會散碎無法成型。必須俟它徹底冷透，表面略乾，才可動刀斬件。

遍閱各類食譜，雞類菜餚不下一兩百種。我覺得白斬雞蘸清醬油才是至味。清水出白斬，天然去雕飾，要言不煩，less is more，符合古今中外所有高尚的審美判斷。

吃剩的白斬雞擦細鹽靜置一夜，雞肉吃進鹹味，加花雕浸沒兩三日即為醉雞，加糟油浸沒兩三日，即為糟雞，加蝦油滷浸沒兩三日即為蝦油滷雞。皆美矣。

菜單

白斬雞，蔥油萵筍絲，豆豉炒竹蟶，見有農民自己挑上來賣的小種菠菜，粉紅的根，葉子綠得發青，切碎了做個菠菜肉末豆腐羹。

韭菜炒螺螄肉

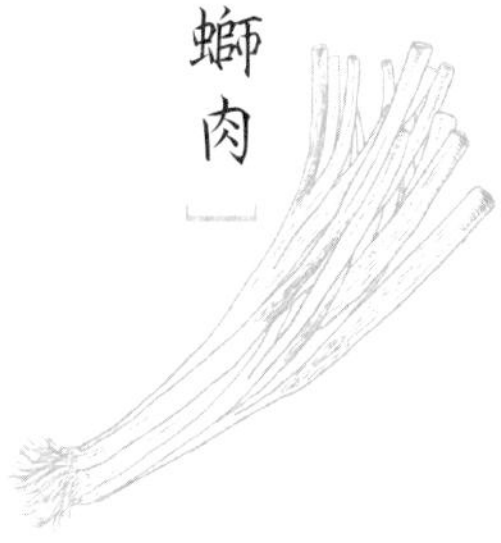

家母是寧波人，卻也做得一手好麵食，往年二月初二春分，我家例牌要照北方規矩吃「龍鱗」，即春餅的。這次卻沒有做春餅，晚飯清蒸刀魚、醬油春雞、豆腐白米蝦、清拌馬蘭頭、韭菜螺螄肉，湯是一砂鍋的醃篤鮮。色色最當令，我不禁暗喝一聲彩：好一個滿桌春色！真正的吃客，是懂得什麼時候在什麼地方吃什麼東西的人。《南齊書‧列傳第二十二‧張融周顒》：「文惠太子問顒：菜食何味最勝？顒曰：春初早韭，秋末晚菘。」「秋末晚菘」指的是晚秋腴美的白菜。袁枚在《隨園食單》中，稱白菜為「百蔬之王」，春韭秋菘並列，韭菜當無愧於「百蔬之後」。

韭菜生命力旺盛，割去一茬又能重生，反覆可割十五到二十刀。春天的頭刀韭菜經過一個冬季的醞釀，嬌嫩鮮美。頭刀韭菜葉子頂部尖，根部微紫色，葉片寬而厚，是比較容易分辨的。二刀、三刀韭菜，價格跌去三分之一，但還是可以吃吃的。割到十幾、二十刀，已至盛夏，春韭香，夏韭臭，夏天的韭菜不堪入菜，只能用來餵驢了。

春江水暖，螺螄正肥。從前鄉下人生活清苦，懂事的小孩子下河摸螺螄，晚飯桌上阿爹就多一道下酒葷菜。最好的品種，是生長在有水草、小魚的清淺河道水塘中的青殼螺螄，紅吸盤，肉細嫩，味極鮮。爛泥塘的鱉腳螺螄殼棕黑，吸盤顏色深，肉粗，吃起來有泥土腥氣。螺螄好壞，價格可差四至五倍。青殼螺螄十六、七元一斤，俗話說：「一擔螺螄三擔殼」，買一斤螺螄，去殼去腸，最多也就剔出二兩螺螄肉，真可算是價格不菲了。這小小螺螄還有個講究，立春吃起，吃到清明，清明第二天，立刻不值錢了，據說是清明後的螺螄有毒，其實有毒倒不至於，只是清明後的螺螄都帶子了，積善人家存心護生，假稱有毒，掩護螺螄得以繁衍。不過清明後帶子的螺螄味道是不鮮了，肉枯瘦，吃到小螺螄，好像滿口嚼沙，也的確沒啥吃頭了。

螺螄在清水裡養一個晚上，使其吐盡泥沙，剪尾。煮一鍋開水，加生薑與黃酒，將螺螄燙一潽，螺螄不能煮，也不能燙過頭，否則鮮味流失。剔出螺螄肉，去泥腸，靜置一會兒晾乾表面水分。起油鍋，韭菜吃油，油可略多一點，煸薑片若干，至油十分熱，撇去薑片，旺火爆炒螺螄肉，待油溫重新升高，馬上投入切成寸金段的韭菜，快速翻炒。手上感覺韭菜軟糯，加醬油、糖，略收一收出鍋。韭菜和螺螄都要稍微鹹一點才拔得出鮮味，所以不妨放多一點醬油，講究色面漂亮的，補點鹽也可以。

清炒螺螄，要加種類繁多的作料：料酒、醬油、辣椒、茴香、生薑、糖，才夠味，如何將這帶殼之物燒得入味又保證螺肉不會燒過頭呢？什麼時候是出鍋的最佳時機呢？假如有人號稱自己很會炒螺螄，你不妨拿這個問題考考他。只有真正內行的廚師，才知道正確答案：當鑊鏟黏上那麼三四片螺螄吸盤的時候，不用嘗，就是出鍋的好時機。

春韭與碧螺，其實無非世間最尋常的東西，是初春與初春的相遇，成就了美味。韭菜炒螺螄最突出一個「鮮」字，非常下飯，尤其拿來過泡飯，那別的什麼菜都是多餘的了。我總可惜這麼美妙的節令小菜沒得個碧螺春那樣的好名字。一次王二告訴我，一家餐廳的炒韭菜，居然取名「譬如朝露」，那實在是過猶不及，真真該打了。

菜單

辣椒炒蘿菜尖、蔥油蠶豆、鰻鯗、桐廬酸筍炒鹹白菜、酥餅和白粥。中飯剛剛停當，又要準備晚飯：還是蔥油蠶豆，還是蘿菜尖，不過用腐乳汁炒，紅燒箬塌魚、清蒸落蘇、家鄉肉篤蹄膀湯，加一把雞毛菜。甜點是冰糖桂花蒸糯山藥。——重大決策：箬塌魚改麵拖，蘸辣醬油。

刀魚

立春過後吃刀魚的時候到了，上海老店老半齋門口又會貼出一張「刀魚汁麵」的手寫臨時海報。每看到這張海報，我都會想起第一次吃刀魚的情形。

那時我還是小孩子。記得有一晚，我已經睡下，被門鈴吵醒，懵懵懂懂中聽到爸爸說有人特意送了兩條刀魚來。媽媽去廚房看了看，回進房間後說：這麼大兩條江刀，真真少有，又那麼新鮮，放到明天實在可惜了。沒有多少猶豫，爸爸媽媽當機立斷，決定挑燈夜食刀魚。

五兩左右的刀魚叫大刀，三、四兩的叫毛刀，那次的刀魚有成人小手臂般長，怎麼也是條大大刀。蒸妥的兩條大大刀排在頭號的魚盤裡，因為洗刀魚不用刀破膛而是用筷子伸入魚鰓處捲出魚腸，所以魚的身形仍然完整，呈狹長刀形，白銀一樣閃閃發亮，異常優美。年紀尚小的我，一眼之下也知道是好東西。刀魚魚肉細膩，色如溶脂，幾近透明，落筷不容易揀起，只能用筷頭一點點挑起魚肉入口。那夜吃刀魚，獨沾一味，味覺自然非常專注，像是那種全力以赴的初戀，至今難以忘記。

刀魚那樣鮮美，媽媽卻幾乎不買。我以為媽媽嫌貴，那天買了兩條回家蒸，一頭蒸，媽媽一頭嘀咕：「刀魚不是這樣吃法的。」——啊！那是怎樣吃法？不是這樣吃法您還不早說？我差點叫起來。媽媽又嘀咕一句：「按你外公的做法，現在也沒辦法這樣弄了。」——我知道有故事，豎起耳朵聽下去。

外公是一生講究吃喝，什麼都吃過見過，也樂於嘗試各種奇珍異味。可臨到吃猴腦，下不去筷，出銀洋買了剩下的猢猻放生。外婆剝塘鯉魚的巴掌肉做清炒瓜子肉，大量魚身就做成元寶燻魚給小孩子們當點心吃，浪費是絕對不允許的。春天的螺螄好吃，只吃到清明為止，一天都不多。因為清明過後螺螄帶子，再吃傷及螺螄繁衍生息。外公的飲啄之道，一派有所為有所不為的君子態度。

張愛玲曾嘆人生三恨：海棠無香、紅樓未完、鰣魚多刺。我覺得鰣魚最好換成刀魚，刀魚之味鮮美不在鰣魚之下，而刀魚的刺之多，也更勝鰣魚，且刀魚刺細小尖利，如一般的清蒸吃法，極易鯁到傷人。加之吃一口倒要吐兩口刺，吞吞吐吐吃相不雅不說，一條魚從頭吃到尾早已冰涼，實在不是辦法。

外公吃刀魚，用的是老式灶頭，帶木頭蓋子的大鐵鍋清蒸。一只魚盤裡，撒上細鹽和幾滴紹酒，鋪幾根蔥段和薑片。刀魚可不是盛在盤子裡，而是用釘子，釘在木頭鍋蓋上。蒸汽升騰，肥腴的刀魚肉如溶脂落入盤中，最後木蓋上只餘魚骨架森然，盤中已是一尾魚形，不攙一根魚刺的剔骨刀魚蓉。愛玲可以無恨矣。

我深愛這故事裡吃的智慧和富貴氣。

江蘇張家港地區還有類似的吃法，將刀魚釘在木頭鍋蓋上，鍋裡燜著菜飯，魚肉融入菜飯裡，是著名的刀魚菜飯。

老半齋的刀魚汁麵很有人氣，據說是把刀魚炸透，碾碎了吊出鮮湯，是為刀魚汁。我總覺得這工藝欠妥，況且這刀魚汁麵還要加雞湯助陣，總是有點底氣不足的樣子。要是有人願意試試外公的法子，眾食客有福。不過刀魚定要選真正野生的大刀，魚肉細膩如凝脂、富含脂肪，才能成功吧。

糕

木心先生有一篇好玩的散文，叫《吃出名堂來》。第二段寫上海的早飯，一口氣列了整整五十個乾濕點心的名字，其中糕團類就有二十餘種。雙釀團、糍毛團、百果糕、條頭糕、黃鬆糕、水晶糕、重陽糕、海棠糕、定榫糕、壽桃、粢飯糕……只是靜靜羅列這些名字，完全不著一字描繪修辭，已經令人懷想神往。

反覆看著這些糕糕團團的名字，我彷彿置身王家沙、沈大成或者滄浪亭飄著甜香的店堂裡，站在滿目琳琅的櫃檯，那些橢圓的、扁方的、元寶樣的、腰子樣的、光滑的、毛糙的各式糕團們，全都乖順無比地躺在托盤裡的油紙上，倒叫我一時拿不定主意。

如果是一個夏日的早晨，趕著上班去，那也來不及細想，肯定是挑只條頭糕啊。糕團大致是偏屬女性的點心，桂花條頭糕尤具陰柔之美。半支牧童短笛那樣的身材，羊脂玉色的糯米裹著澄沙餡兒，兩頭開口。糯米的細膩和澄沙的甜蜜一起，被從頭至尾一口口均勻妥帖地送入口中，偶爾嚼到一顆糖漬桂花，馥郁的香，是對女孩兒的私寵。

有些飯店為了賣個好價錢，特為將條頭糕做得筆桿那樣細，貌似精緻了，我不欣賞，條頭糕太細就缺乏咀嚼的滿足感，像過分骨感的女人，沒有味道。

如果是暖晴的下午，和朋友從福州路書店逛出來，那麼就在旁邊那些枝枝杈杈的小馬路上隨便哪個攤子上買一只熱熱的海棠糕吧。海棠糕要現做現吃，有時候一爐正好賣完，就不得不耐心等下一爐。我絲毫不介意這樣的等待，在小馬路邊輕寒的風裡，帶著一點點不那麼急迫的饑餓感，全程觀賞海棠糕如何盛放出她的香味。

加了老酵的麵粉漿倒入海棠花形的模子裡，也是加澄沙和豬油的餡子，表面的飴糖烤融了，深秋的那種金黃色，襯著星星點點的紅綠絲、白芝麻和果仁碎。挑一只顏色、形狀最完美的海棠糕，再挑一片花瓣咬開一個焦香的口子，餡兒緩緩湧出來。我一直覺得西點熔岩蛋糕中的那一包巧克力漿甜得太膩，不如海棠糕裡豬油澄沙餡甜美得恰到好處。

快過年了，喬家柵門口各種年糕堆得像一座座小山，上海人總少不得買一個兩只豬油百果鬆糕，有拜年的人客來了，切一角蒸熱，配一杯橄欖元寶茶做點心。鬆糕是新下的粳米做的坯子，厚垛垛實敦敦的拿在手裡，正如期待中的生活，殷實穩妥；糕面上鑲滿各色乾果，棗子、松子、白果、核桃、瓜子、青梅、紅絲綠絲，熱烈歡騰。仍舊是豬油澄沙的餡子，至此，我不得不承認豆沙和糕團不管在顏色、味道和口感上都是天作絕配。

不過我吃豬油百果鬆糕有個怪癖，喜歡吃豆沙少一點的糕邊。製作鬆糕，粳米的比例大大高於糯米，相較糯米的黏，是那種鬆落落比較輕盈的口感。江南的新米味清且純，我像《金鎖記》中的七巧一樣，仔細挑去鬆糕上的紅絲綠絲，只愛那純粹的米香和淡淡的一點甜。

有說這種糕始出上海嘉定，但崇明也有很好的出品，上海人還是更習慣把它叫做崇明鬆糕。

與這些軟糯柔美的糕團們大異其趣的，是粢飯糕。用隔夜的白飯壓實了，切成扁扁的長方塊，用油炸了趁熱吃。粢飯糕用秈米，加一點點糯米，一定不能多，如果糯米太多，炸硬的飯粒足以崩壞你的牙齒，飯要燒得乾濕得當，不散不爛，而這種比例的把握只有正經老上海街邊小攤的攤主深諳其道。

下少量的鹽，鹹得很隱約，沒吃過的人光聽這般描述，簡直想像不出這粢飯糕有多麼好吃。現在有的飯店把它列入點心單，又恐初試的食客失望，便在粢飯糕裡加了海苔甚至蟹粉，好吃是當然的，不過這上海的街邊小食一上了檯面，如不小心闖入輝煌宮殿裡的卡門，完全進退失據。普通的粢飯糕，四條邊炸得金黃、焦脆，只是這金黃和焦脆，還不足以美味嗎？我固執得惦念它最原始淳樸的樣子。

讓我惦念的，還有餡子是黑洋酥和豆沙的雙釀團，在松花粉裡打過滾的金團，透明的水晶糕、碧綠微涼的薄荷糕、絳紅的棗泥糕、白嫩蓬鬆的白糖糕、野荸薺的橘紅糕、城隍廟的核桃松子雲片糕、慈城寧波年糕……這些故事，以後再慢慢地說吧。

墨魚大㸆

哥哥極少下廚，但因為幼功不錯，嘴巴養得刁，什麼菜吃一遍，總能燒個八九不離十。有時大家起哄，哥哥也會露一手。一次高興，燒了道墨魚大㸆，竟把坐中一名昂藏七尺男兒吃得潸然淚下。只道自從他母親離去，再沒有吃過這麼正宗的目魚大㸆，點點滴滴，全是媽媽的味道。

只聽說過一道菜令人流口水，吃菜吃到流淚水，那又是另一番境界。我不服氣，定要考哥哥燒墨魚大㸆的關鍵是什麼。哥哥答不出。只知道以前我們叫好媽媽的二阿姨就是這樣燒法。

我是知道的，因為好媽媽專門關照過我。

墨魚，上海人常常寫作目魚，也叫烏賊魚。有人分不清墨魚和魷魚。墨魚灰白泛青，魷魚微紅；墨魚肉頭厚，像個胖墩墩的荷包，魷魚身子要細長些，肉薄而更有彈性，有透明感，且比墨魚多個槍尖似的尾巴，所以也被叫做槍烏賊，還是很容易分辨的。

墨魚大㸆是著名的寧波菜，十分家常。小時候和哥哥一起在好媽媽家過暑假，一群孩子飯量大啊，什麼都要加倍地做。好媽媽拎回半籃頭身體比手掌大的墨魚，拿出最大號的鋼宗鑊子（滬語：鋼精鍋），將墨魚逐一剔除內臟、骨頭和眼珠，洗淨，身體不能剖開，整隻整隻地放入鍋中，加水淹過墨魚，細紗布做一個八角茴香、花椒、桂皮的小料包，加蔥結和拍碎的生薑，黃酒適量，醬油適量，小火慢㸆。寧式菜餚中的「㸆」法，是指小火煨至食材熟軟入味。

墨魚在灶上㸆著。好媽媽在一邊用墨魚骨頭將一只只鍋子擦得亮亮的。小孩子們則在這雪白的船型骨頭上插一面紅紙和牙籤做的三角旗，在寬大的腳盆裡扮戰艦打仗。墨魚微沸，一開始，會散發出一陣類似墨水的臭臭的味道，但慢慢就被海產特有的香味替代。

孩子們開始忍不住，打開蓋子撈一根墨魚鬍鬚出來吃。已經很鮮美，但肉厚的地方並沒有完全入味。有人問我，墨魚大㸆什麼時候算㸆好了。我說：等那香味已至忍無可忍，即是出鍋的吉時。是啊，那種香，有大海一般的沉鬱寬厚，也像海潮，一浪一浪緩緩不斷湧過來，直至你無法抵擋。

最後墨魚中加一點糖㸆透收乾湯汁後，熄火，焐在鍋子裡慢慢冷卻。墨魚大㸆不能用刀切，要用手撕成寬窄均勻的墨魚圈。切出來的墨魚，纖維被破壞，口感略差，擺盤也呆。每外食，點上來的墨魚大㸆是用刀切得整整齊齊，便知道不會是寧波師傅掌勺。

而且這些墨魚大㸆都常常有個同樣的毛病：顏色暗淡，像沒有生命的塑膠。連我哥哥，雖然做得漂亮，也是知其然不知其所以然。我的好媽媽，到底關照過我什麼呢？

燒墨魚大㸆，最重要是料理時一定不能去皮。任何皮，都是膠質的來源，墨魚皮也富含膠質，㸆煮中會產生濃稠汁液，包裹滋潤食材，使成品富有光澤，質地也會更濡糯。不能剖開身體和用刀切算是小節，唯這去皮一項，一招錯，滿盤皆落索，出品當然黯然，色面與口感便都大大缺乏說服力。

如果用墨魚㸆肉，則可以剝皮，因為五花肉的皮足以充當提供膠質的角色。而且墨魚㸆肉如果不去皮，墨魚皮最後會在菜中留下縷縷黑色渣滓，難以剔除，反為不美。每一道菜，都有一些經由歲月檢驗的細節，值得我們虔誠遵循。

去買墨魚，如果遇見一個正宗寧波攤主，那麼你有福了，只要提醒他：我是要燒墨魚大㸆的哦！他就一定不會把墨魚身子剖開，也一定不會剝了墨魚的皮。

每次做這道菜，好媽媽定會多多的加米煮飯。有墨魚大㸆的一餐飯，吃過量，也是可以原諒的吧。好媽媽還關照我：自己吃不要緊，要是家裡設宴請客有這一味，還是提前一天做妥為好，因為㸆過這樣一大鍋墨魚的廚房，一整天都會臭臭的哦。

菜單

想念福記的蝦醬花菜，用干貝海鮮醬炒福建花菜，香菇木耳冬筍素腸炒素什錦，出鍋一定要淋幾滴麻油，高湯黃芽菜凍豆腐，葷菜不夠，又在小寧波烤鴨店切了一刀油亮亮紅彤彤叉燒。

綠豆芽炒榨菜

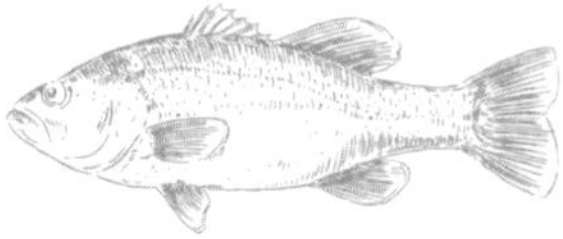

綠豆芽滋味縹緲，人們更多是欣賞它水靈清脆的口感。傳說中相關的著名菜式是往綠豆芽裡灌肉蓉，經過這樣處理的綠豆芽一如肉彈明星腿上綳著的透明絲襪，盡失天然，實屬奇技淫巧，現在不再有人津津樂道，也是情理之中的了。

綠豆芽清炒、涼拌，綠豆芽炒青椒絲、炒韭菜都是家常菜。綠豆芽炒韭菜還叫「十五菜」，因為滬語「綠」和「六」同音，「韭」和「九」同音，有人竟杜撰出這樣一個唬人的別名，很像時下風行的標題。主婦不易為，家常菜也要搞R＆D（Research & Development），綠豆芽炒榨菜算是個創新吃法，榨菜鹹鮮微辣，襯托豆芽的鮮潔，十分得體。

綠豆芽沖淨瀝乾，袋裝斜橋牌榨菜絲適量，蔥花適量。綠豆芽不吃油，油也適量，油至七分熱，放入榨菜絲小火煸炒片刻，以榨菜不被煸乾為限。轉大火，倒入綠豆芽與蔥花翻炒，加糖提鮮，再加水，加蓋燜一兩分鐘即得。

我很想寫得有趣一些，可這道菜的做法實在乏善足陳，到此也就可以打住了。本是應朋友之請，寫個簡單的菜式，不過我家吃這道菜卻是件頗費工夫的事情。

我媽媽買綠豆芽，只買沒有挑揀好的，掐頭去尾的這一道從來不假他人之手。媽媽說：賣菜的人一雙手要做生意的呀，東搬搬，西揩揩，鈔票摸摸，指甲縫裡多少細菌，這樣摘（滬語發「滴」音）出來的豆芽，哪能入口？媽媽不僅不吃別人「滴」出來的豆芽，自己也以身作則不用指甲「滴」豆芽，媽媽有把沉甸甸鑄鐵小剪刀，德國貨，造型精巧，以前是用來修眉的美容剪刀，現在拿來「滴」豆芽，是件挺趁手的家私。

熱天做百合綠豆湯，每一瓣百合上枯黃的邊緣和棕色的瘢點，也都是用這把小剪刀一一修剪乾淨。夏日過午，媽媽放上一張越劇黑膠唱片，將聲音調到極微，免得吵鄰居午睡。媽媽坐在桌邊篤悠悠開始剝百合。一段《紅樓》從寶黛初識，咿咿呀呀唱到黛玉葬花，桌上便聚起一小堆沒有絲毫瑕疵的玉色百合，也如落英一般美麗。只是這落英不是給林妹妹「錦囊收豔骨」，而是要煮了，歡歡喜喜祭我們凡人的「五臟廟」的。

現在菜場裡賣的綠豆芽，都是加了生長劑催生的，一天就能躥出十幾公分長，味道寡淡，遇熱油不縮不軟，像塑膠做的一樣。其實自家發豆芽也很容易，如果在豆芽上壓一重物，長出來的豆芽會特別的粗粗胖胖，尾端帶個俏皮的小勾，口感要好得多。

本意是寫個容易做的菜，這倒好，竟然鼓動大家親力親為種起菜來。也罷，我算領進門了，這菜到底要煉到什麼程度，全憑各自修行吧。

極品蟹粉與青樓菜

蟹季到了，從六月黃的油醬毛蟹，吃到西風響的清蒸大閘蟹，間或也拆點蟹粉。大閘蟹洗淨，旺火蒸熟，拆出蟹粉。加少許薑末，用豬油微火慢煸，至蟹粉在輕沸的油中不再冒出蒸汽，鍋子裡漸漸安靜下來，說明蟹粉中水分已經基本煸乾，冷卻後裝入罐中保存。豬油要蓋過蟹粉，完全封住使蟹粉不能和空氣接觸。這樣可以儲藏很久。

有一瓶蟹粉備著，家常炒菜心、燒豆腐、包餛飩加一點，彷彿是對自己腸胃特別的優待與寵愛。西洋人不會自己剝大閘蟹，上海人發明出起司焗蟹斗這道純蟹粉菜，非要讓他們領教大閘蟹的極鮮。

有一道蟹菜，多次和朋友提起，竟無一人能答。也不知道叫什麼名字，只記得是揚州飯店一次訂婚宴上吃到的。例常冷盆吃過，第一道熱菜不是平常所見的清炒蝦仁，而是一小碟清炒蟹粉。這蟹粉也怪，不見一星半點蟹肉，而是以雌蟹的膏，炒雄蟹的黃。

廚師跑出來關照，是那家未婚夫特別預定的，售價八十。這個數字大概也是當時飯店能夠想像的價格極限了。一九八〇年代，中國大學畢業生的月薪不過八十元，一百元面值的人民幣尚未發行。這八十塊一碟的極品蟹粉，算是驚人的高價。大家一人只得一勺，嘖嘖稱奇。女孩嫁得金龜婿，相當有面子。

前幾天和家母坐在陽臺上拆蟹粉，閒閒提起這一段，媽媽菜名都記得，並不花俏，就叫清炒蟹油。「這是青樓菜。」媽媽補一句，「要說青樓菜，算是私房菜裡檔次最高的了。從前青樓女子為了留住客人，花心思做出比家常小菜精緻百倍的菜……」

比如一品鍋，脫胎於醃篤鮮。醃篤鮮是江南的家常菜，竹筍當造，與鹹肉鮮肉同燉，三者相互浸淫渲染，已然十分鮮美。青樓女子做這一味，用肥雞、火腿腰峰和竹筍中段，將鮮美推向極端。又比如，一般人家取塘鯉魚背脊一條肉溜炒魚片，已是豪舉，青樓菜只剮出塘鯉魚頭面部兩側活肉清炒，叫做炒瓜子肉。百來條塘鯉魚，不過得淺淺一盆。

清炒蟹油也是一樣，只取螃蟹最精部分，連蟹肉也不用。

這種菜一定分外好吃嗎？不見得。食客驚嘆，讚美之餘，體會到不同於尋常女子的用心是肯定的。一定特別昂貴嗎？也不見得。難得的是菜也有情，這樣的用心之下，問價錢總歸是煞風景的事情，食客識趣地奉上空白銀票一張，便也是甘心的吧。

現在沒有青樓了，可類似這種風格的菜還不少。食膾要精細沒錯，但這個精細要追求的是基於對每一種食材特性的瞭解，尋求最恰當的烹飪方式，最匹配的調味，以臻物盡其用，食盡其美。不草率，亦不靡費，才是對食物最大的尊重和愛惜。精緻太過，以本傷人，便覺心術不正，縱然美，終究風塵味。

今日晚飯還沒著落。櫃子裡找出一小包切麵，半碗肉湯，剛上市的矮腳青菜打底，添一小勺新炒的蟹粉，做了一碗蟹粉麵。覺出尋常日子點滴而成的似水流年。

豬油渣豆腐羹

從前，鄰舍隔壁家家都備有一罐豬油，用裝過糖水桃子、糖水橘子的廣口瓶盛著，吃薺菜大餛飩、黃芽菜年糕湯，或者菜泡飯時舀上一小勺，香得很，口感也滋潤豐腴許多。本幫的清炒鱔絲、炒蝦仁等很多菜，也是要放豬油的。

大舅舅熱愛豬油，總要在米飯裡拌上豬油才吃得香，八十多歲了血壓高，又有點糊塗，小輩為了他的健康給他盛飯時不敢再拌豬油，他就會用濃重的寧波口音嘟噥：今朝格米勿靈，交關壞吃（今天米不好，非常難吃）。他老人家以為是米不好，吃得也就很少。小輩們擔心他的胃口，只能又給他拌上豬油，舅舅便高興起來：今朝格米哉格，儂看看，一粒粒桑桑亮，自家會喉嚨裡滑落（今天的米很好，你看，一粒粒鋥鋥亮，自己會滑進喉嚨）。大家笑，非常無奈。

有時，美味和健康之間是不得不有所取捨的。

小時候，誰家大人熬豬油剩下的油渣趁熱撒上點細鹽，也算是一種零食，整個樓道裡每家每戶的小饞佬們都能分到一小撮香香嘴。

豬油渣與豆腐在砂鍋中小火微燉，可以勾一點極薄的芡，芡厚了就膩，上桌前撒一把切碎的青蒜，油香、豆香、蒜香，三香四溢。這道菜成本極廉，幾乎屬於廢物利用；製作極簡，又鮮香可口，大可嘗試。

但一開始我怎麼也燒不好這道菜，總覺得油渣枯澀，一燒就如爛棉絮，油香也不濃郁。偶然跟媽媽說起，媽媽不慌不忙來一句：油渣用錯來。原來燒油渣豆腐羹的油渣，要用肉油熬，也就是瘦肉邊上的肥膘，而不是一般煉豬油的板油。板油出油量大，但渣滓枯澀乾縮，一經燒煮全無彈性；而肉油內的油不容易被完全熬出，剩下的渣滓是真正的「油」渣！

做這道菜，切肥肉時最好切成中等厚度稍大的肉片，而不要切成一般熬油時的小碎丁，這樣燒豆腐羹時，一片片金黃的油渣浮在青青白白的蒜葉和豆腐之間才會漂亮。

油渣豆腐羹也可以有很多變化，比如加入雞鴨血，色彩和鮮香都更甚。亦可加入菜心或扁尖，顯得更為清淡。

最後提醒，這道菜要用砂鍋，熱騰騰地上桌，熱騰騰地吃，最忌諱要它等其他菜，這豬油渣豆腐羹一旦涼了，便一無是處啦。

鮮肉月餅

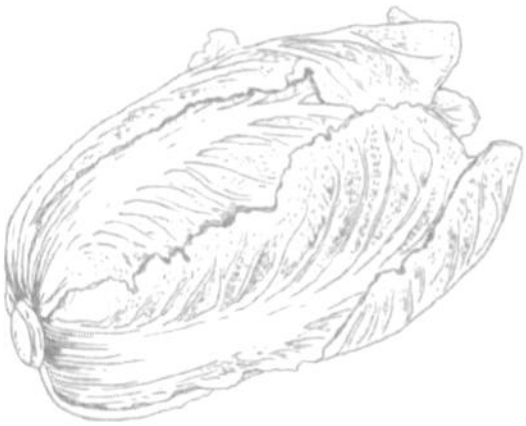

中秋節要吃月餅。

廣式月餅裡，家母喜歡杏花樓的豆沙。餡是加了豬油的澄沙，豆沙用得好，一點也不會發黏。穩重的顏色，含在嘴裡一口紅豆香，帶著一點點月餅皮烘焙的麵香。家父則愛五仁，杏花樓五仁月餅壓花上寫的是「上等五仁」——胡桃仁、杏仁、花生仁、芝麻仁、瓜子仁為主。因選料精，做工考究，堅果的芬芳豐盈迷人，真襯得上「上等」二字，也是傳統的幾種月餅裡，賣得最貴的一種。現在的人嫌五仁甜膩，實在是沒有福氣吃到真正好的。

我家吃月餅，向來一塊月餅分成四等份，每人每種都能嘗一點。不知道是不是有很多人家都是這麼個吃法。傳統廣式月餅個子大，吃一整塊的人到底少。

蘇式月餅身段小巧得多。我最喜歡靜安寺的淨素月餅。嬌滴滴的酥皮，棗泥、黑芝麻厚實的香，苔條靈巧的鮮甜，還有一派蘇式風雅的玫瑰，常令我不知取捨。而且靜安寺的淨素月餅，只做中秋節前一個月的生意，沒有包裝，沒有預定，在寺廟一角開出一個小窗口，窗口前永遠排著一支慢慢移動的長隊。每天的定量沽清，排在隊伍尾巴的人輕嘆一聲散去，明日隨緣請早。

偌大個上海灘，排隊買月餅的除了靜安寺，就是幾家著名的鮮肉月餅老字型大小了。王家沙、西區老大房、德興館、光明邨，都有極佳的出品。

鮮肉月餅，吃的是個「鮮」字。新鮮出爐的月餅，火火熱的咬下去，酥皮紛落，鮮湯橫溢，那才叫過癮。現做的鮮肉月餅因為要一鍋一鍋做，常常要排很長時間的隊，如果遇上個把購買大戶，一下子買上百個，那麼隊伍裡就會爆發出一陣嗡嗡的抱怨：「買幾只嘗嘗麼好來，哪能迭能買法個（滬語：怎麼這樣買法）！」「噢喲，一家頭（滬語：一個人）買脫阿拉半條隊伍的量了。」……而那個購買大戶，總是會訕訕地解釋：「勿好意思，幫人家帶個，隔壁老人要吃呀。」這種解釋自然是不能令群眾們滿意的，但也只能目送他滿載而歸，轉而把目標移到製餅師傅身上，催問：「師傅，好了勿啦，迭鍋哪能嘎慢啦（滬語：這一鍋怎麼這樣慢）？」師傅頭也不抬一下，一邊用炫技般熟練的手勢逐塊給月餅們翻面，一邊溫吞吞回一句：「皮子勿烘烘透要黏牙齒個，儂要勿啦！要麼，喏，現在就好賣給你！」笑謔中，隊伍尾巴又長了一截。

我是不肯當街吃東西的，想當年吳江路美食街上那家出名的燒烤店，門口站滿了自顧自埋頭苦吃的男女。唯獨我，即使被烤翅、雞皮、雞胗肝的香味撩撥到幾近失儀，也必定要打包了回家才能自在享用。

唯一的例外，是光明邨的鮮肉月餅。排了一個多小時的隊，又是在一撥撥月餅出鍋時熱騰騰的香氣中等待，那真是不餓也餓極了。皮子最外層薄薄的焦黃脆殼，中層細膩的起酥，裡層酥皮被肉汁浸得滋潤，肉餡緊實噴香，一口咬下去更多的肉汁滋滋冒出來，燙了舌頭也不肯停口。

就站在淮海路梧桐的濃蔭下吃一塊吧，在這樣的美味面前，沒有人可以再矜持。初秋的金陽從老洋房的西牆反射在我的臉上。下午四、五點鐘的天光也染了鮮肉月餅的香，之後的一路，都是滿足而愜意的了。

弄堂小菜

一條條活色生香的弄堂是上海的枝蔓，弄堂小菜是枝蔓上開出的花。

九九〇弄是條大弄堂，梧桐和槐樹枝繁葉茂，從黑色的竹籬笆上伸出來，在青灰的牆上投下濃重的影子。弄堂很安靜，一排租界時期的法式公寓房子。涼絲絲的水磨石子樓梯，通向一層層的人家。早已不是獨門獨戶的光景，每一層樓裡，幾乎都是七十二家房客的格局。最熱鬧的，自然是公用廚房。今天沈家姆媽的毛腳女婿要上門。沈家姆媽是本地人，燒的一手好小菜，今天要大操辦。

白斬雞是少不了的，叫小弟特地去浦東三林塘買的騸雞「九斤黃」。冷水煮開，翻兩次面，再熄火焐個十幾分鐘。沈家姆媽是不屑看鐘錶算時間的，也是不懂什麼低溫烹飪法的，全憑經驗判斷。熱騰騰一隻雞撈出來沖涼水，雞皮繃得又黃又亮。半隻斬斬就一大盆，還有半隻用細鹽料酒擦一擦，醃過夜，裝進廣口瓶裡加紹興狀元紅做成醉雞。過幾天，揀兩塊出來過泡飯是沒話講的。

雞雜也不會浪費。雞胗去皮，雞腸剪開，一寸寸地洗淨了，雞心、雞肝切片，加茭白、青椒做成一道炒什錦。是難得的下酒菜。

四喜烤麩總歸要做的，「烤麩」、「靠夫」，算幫女兒討個好口才。烤麩撕碎，用力擠乾，開大油鍋氽一遍，配過了油的冬筍、金針菜、木耳、香菇，加各種調味料和發香菇的水煨透。

再做個馬鈴薯沙拉。女婿是白領，西餐大概吃得不稀奇了，不過，這家製的海派西餐，外頭可吃不到。調手工沙拉醬還是樓上的林小姐教的呢。林小姐是老式教會學校出來的，炸豬排、羅宋湯、紅酒燴牛尾，各路西餐做得頭頭是道。

油爆蝦、糟毛豆，做做都是快的。八寶辣醬可沒時間弄了，八樣材料不能缺隻角，又要這個氽水，那個過油，實在太討手腳（滬語：費時、麻煩）。幸好隔壁的蘇州好婆今天正好做這一味。蘇州好婆的八寶辣醬，肚子用的都是厚埰埰肚尖，豆干丁是常州白豆腐乾。青花碟子送過來就淺淺一盆，手工掐的蝦仁滿滿堆了一個頂。這樣考究，拿來待客到底有面子。

大黃魚沒買到，沈家姆媽有點懊惱。不過今天的小黃魚真是新鮮。黃魚羹，可是沈家姆媽的拿手菜。小黃魚蒸熟，很容易拆下魚肉。蒸魚的汁水濾淨，加薑茸、料酒放寬湯勾芡，打一只雞蛋，加半把綠米莧，一點不比大湯黃魚遜色。

今天請毛腳，紅燒蹄膀、梅干菜燒肉這樣的粗小菜是不做的。沈家姆媽的先生祖籍揚州，一只揚州獅子頭燒得出神入化，家裡請客總歸要露一手。四分精六分肥的豬腿肉，切成小小的石榴丁，粗粗斬幾下，手掌沾一層薄薄芡粉，做成大肉圓。這「細切粗斬」的四字真經還是跟揚州飯店的師傅專門討教來的。只有這樣的刀法做出來的獅子頭，才能鬆而不散，緊而不實，口感恰到好處。

蟶子炒蛋、芹菜魷魚，都是當場落落鍋的快手菜。倒是鱔絲要事先燙好、劃好。那鱔絲燙得極生，這才叫「生炒」鱔絲啊，鱔絲燙得過熟，鮮味盡失，弄不好還有一股腥氣。只是鱔絲愈生愈難劃絲，小販是不肯做的，只得自己來。豬油、素油各半起油鍋，下鱔絲快炒，加作料勾芡。最後撒蒜茸，嗤啦一聲淋上熱油。這本幫的響油鱔糊，要緊的就是這一聲響。

雖然不是過年，沈家姆媽還是做了一些蛋餃，金燦燦的像一盤元寶。現成雞湯加點干貝、粉絲和菠菜，是簡單的什錦砂鍋。冬天的桌上有一只砂鍋，吃得一房間水蒸氣，才有世間暖意。燒得多的小菜，各色各樣要給樓下寧波爺叔端點過去。老先生一個人，幾塊寧波鹹嗆蟹、蒸點黃魚鮝要吃上好幾天，下飯是下飯，只怕營養不夠全。

女婿上樓了，一路跟鄰居們打著招呼。手裡金華火腿拎了兩只。沈家姆媽從心裡面笑出來，笑這女婿有點戇，火腿是搭搭菜的佐料，一只火腿麼也有得吃一段時間了，兩只火腿要吃到啥辰光去。不過想想女兒找了個實在人，日子是長長遠遠地要過下去的。心裡先定了，喜滋滋轉身進廚房忙起來。

輯參

大江南北

人生第一道菜

燉水蛋大部分人都喜歡吃，亦湯亦菜，閒時還可以當作點心吃。日本料理用茶盅燉水蛋，加入瘦肉、香菇或小海鮮，便喚作茶碗蒸，玲瓏又別緻。

北京前幾年開過一家凱帝思法式餐廳，正經會在主菜間上雪葩清口的地道法國菜，主廚據說曾經花了整整一個月的時間製作出一道如同二八少女臉頰般沒有一絲皺紋的Omelette（法式攤雞蛋）。我做的燉水蛋，怎麼看都要比二八少女年輕許多許多。

這道菜相信很多人做過，如果嘗試用我的幾個訣竅，應該能做出色面清亮、口感幼滑的燉蛋，如果由著自己性子來，至多也就是不完美，難吃是不至於的。要把燉水蛋做到報廢的程度，幾乎與把它做得完美一樣難。

要點一：打雞蛋時加入極少量素油一起攪打，這和小時候做蛋餃時在蛋液中先加點油，做蛋餃皮的時候就不會黏底是一樣的道理。

要點二：打好的蛋液靜置一會，讓泡沫消散一些；加水調和時要輕手輕腳，也是為了不要激起泡沫，否則蒸時容易起蜂窩。但調和一定要充分。

要點三：隔水蒸，意思是蒸的時候在碗上加個蓋子，水氣跑不進去，也就不會有蜂窩了。

要點四：冷水蒸，逐漸升溫的過程中，表面尚未凝結，蛋液裡的剩餘氣泡還有最後釋放的機會；另外，如果水開了再放進去蒸，外層的蛋液迅速凝結，表裡老嫩程度就不均勻了。

這樣的水蛋，表面如玉般光潤飽滿，什麼醬油麻油小蔥……都不用加，只一派平凡氣象，吃一口方知石破天驚。

燉水蛋是一道可以充分發揮想像力的菜，可以有很多變化，最簡單的出鍋後加點醬油，或者撒點日本柴魚末，滋味更鮮。也可以加肉末、菌菇、海鮮。最常見的是蛤蜊燉蛋。有人將生蛤蜊直接和蛋液一起上籠蒸，擔心蛤蜊熟了蛋太老，又怕蛋嫩蛤蜊還是生的，非常糾結。我的方法是，蛤蜊洗淨，加蔥薑料酒，先放進微波爐轉到各個嘴巴張開（順便剔除不新鮮的蛤蜊），掰去一半殼，在碗底一個個碼好再加蛋液一起蒸。蛤蜊加熱後析出的湯汁是寶貴的原汁，濾去蔥薑渣和底部少量泥沙，將此湯汁調入蛋液中。這樣可以最大程度保證蛤蜊的鮮汁涓滴不浪費，沒有生熟之虞，吃起來也相當斯文。

小小嬰兒時，我們吃奶，吃各種糊糊的食品，絕大多數人第一道品嘗的真正意義上的「菜」應該就是燉水蛋了吧。人生的第一道菜，不想認真做得好一點？

小豌豆與她的豆莢

說到豌豆，很多人會想起安徒生的童話《豌豆公主》。小豌豆嬌滴滴綠瑩瑩的樣子確實也很可以與「公主」二字產生聯想。上網一查，豌豆還有很多好聽的小名，如，小寒豆、淮豆、麻豆、青小豆、留豆、金豆、回回豆、麥豌豆、麥豆、畢豆、麻累、國豆……

新上市的豌豆清炒最好吃，放點小蔥快炒出鍋，製作方法乏善足陳。新豌豆拿來炒肉丁也很好。上好的里脊肉切成骰子丁，一定要切得端正，小小的標準立方體要大小一致，這樣才能配得上豌豆珠圓玉潤的形象。肉丁加鹽、料酒起漿，熱鍋冷油滑炒。肉丁、肉片、肉絲要炒得滑嫩，都是用此四字箴言，概不能外。每次我說到「熱鍋冷油」四個字，總是立刻有人問我為什麼。沒有為什麼！就像你不能回答我為什麼但丁會在轉角瞬間的一瞥中，愛上比亞翠斯，並愛了她一生一樣，很多事都是沒有「為什麼」或者不需要「為什麼」的。

豌豆炒至八、九分熟，下滑過油的肉丁，加蔥花與鹽、糖少許一起翻炒片刻起鍋。肉丁粉嫩，豆子翠綠，有小家碧玉的純真與本分。

豌豆稍微老成點後，可以做鹽水煮豌豆，連豆莢一起，加鹽和幾顆茴香同煮。拈起豆莢含在嘴裡一抿，一串豆粒就脫穎而出，滑進嘴巴裡。香糯甘甜，滿口生津，吃了一顆就再也停不了口。但這似乎算不得一道菜，很少有人拿它當作下飯小菜。常常是煮了一大盆擱在桌上，飯前飯後的，就被大家空口吃了個精光，只餘一堆堆的空豆莢和盆底青黃的湯水裡漂浮著的海星似的茴香。

有趣的是豌豆莢也可以做菜呢。去掉豆莢兩側的筋，在豆莢頂端輕輕折一下角，不要折斷，順著豆莢的內側揭去一層硬結結的衣，剩下豆莢的外層就可以炒著吃，味道比荷蘭豆好得多。以前，菜場裡還根本沒有荷蘭豆的時候，精打細算的上海主婦總會耐心地剝出一盆豆莢，添多一道免費的可口小菜給餐桌變變花樣。從前的人啊，也不是操心環保，也不是考慮和諧，只是願意在尋常的日子上多花點心思。

豌豆用白水煮熟，沖涼水冷卻，放入冰箱急凍，解凍後做菜，顏色還是可以保持鮮綠，口味雖不及新鮮豌豆，比市面上賣的冰凍生豌豆和罐頭豌豆要勝過多多了。

薺菜餛飩

同樣是麵皮包著葷素餡子下鍋煮的吃食，北方是餃子，南方就出了餛飩。北方人吃餃子有點隆重，年節一家人團團坐包頓餃子，很有儀式感。南方人的餛飩卻再家常不過，連頓正經飯都算不上。你經常會聽到當家主婦懶洋洋地說：今天不高興弄飯了，簡單點，裹兩只餛飩吃吃。

餃子的餡子千變萬化，好像什麼都可以往裡包。最初在北京的餃子館裡看到有番茄雞蛋餡的，覺得不可思議，一試卻喜歡得不得了。在東北吃鮁魚水餃，這種在上海叫做馬鮫魚的粗廉海魚，包在餃子裡竟是那樣的鮮美。

餛飩餡子就沒有那麼多花樣。那家著名的餛飩連鎖店，嘗試將冬瓜、海參、刀豆，甚至韭黃、大頭菜都做成餛飩餡子，開發出幾十個品種，又把餛飩餡包得傻大，在上海人看來完全不得要領。上海人最愛吃的餛飩，其實只有一種——菜肉餛飩。

只不過上海人的菜肉餛飩，各家媽媽會有自己特別、細微的變化。有的媽媽，在菜肉裡切點香菇、蝦米，是香菇開洋菜肉餛飩，鮮味層次複雜，也叫三鮮菜肉餛飩；河蝦當造，有的就在每只餛飩裡面鑲一隻河蝦仁，別緻出挑，叫蝦仁菜肉餛飩；冬筍上市，菜肉餡裡羼點剁碎的冬筍末，口感活潑又爽氣，是最節令的筍肉餛飩。

一次看電視節目，請小童星們在數碗餛飩裡找出自己媽媽的作品，一個看似粗枝大葉的男孩子第一個叫起來：這是我媽媽包的！這一定是我媽媽包的！——因為他媽媽的三鮮菜肉餛飩加了榨菜啊。你看，每個人總能找到媽媽包在餛飩裡的密碼。

菜肉餛飩裡的菜經常是用青菜。初春，晚冬的寒氣還未盡去，薺菜就開始從草地田野裡冒出頭來。這時的主婦們，要是不應著節令好好包一頓薺菜餛飩，再在冰箱的冷凍室裡存上那麼一百只備貨，當作孩子們的早點、先生的宵夜，簡直是不賢慧的呢。

我也最喜歡薺菜和肉做餡。野薺菜凌亂糾結，挑揀起來極討手腳（滬語：麻煩、費時）。但野薺菜的香相較大棚養殖的薺菜就濃得多，焯過水，一刀刀剁著，便騰起一股田野清曠的味道。只是野薺菜筋絡乾且韌，一定要配三分之一或者一半水靈靈的青菜調整口感。加入肥瘦二八的肉末後，和適量的蔥薑末、料酒、麻油、素油、細鹽充分拌合。

巧手的人，餛飩包得俏適，要麼方皮子的兩角像修女的帽子一樣翹起，要麼餡子胖鼓鼓的像足秤的元寶，一只只包得一模一樣；餛飩皮兩角輕輕一搭，既要保證下鍋不會散開，又不能形成一個僵硬的麵疙瘩；最後皮子、餡子誰也不剩下，樁樁件件都是本事。

有人喜歡熬骨頭湯做餛飩湯底。平常吃，我怕麻煩，用蔥花、細鹽沖一碗清湯，撒點白胡椒粉，加一勺豬油足矣。就一口清湯，咬開滴滴滑的餛飩皮，菜肉鮮香呼之欲出，實在不需要太多鋪墊。

那次楊軍來幫我裝電腦，一一弄妥已是晚飯時分，楊軍客氣著不肯留飯。我廚房裡轉一圈，不聲不響端出一盤白斬雞，外加一碗寬寬的雞湯薺菜餛飩。薺菜肉餡在金黃的雞湯裡泛著綠色的影子，彷彿一個肯定而又充滿吸引力的邀約，終於幫我留住客人。

炒腰花

很多女孩子被問到是否喜歡吃豬內臟時，為了表示自己是文明的、秀氣的，常常會略帶羞怯地回答不喜歡，或不大吃的。我倒是很喜歡吃豬肝、豬肚、豬大腸、豬腰等一切豬下水，並且覺得喜歡吃動物內臟與是不是閨秀沒有什麼關係。

豬腰一對，側刀從中間剖開，裡面有灰白色的腰臊一定要用刀徹底釬乾淨，這道工序現在的肉攤攤主都願意幫你料理好。撕去豬腰表面的一層薄薄的白膜，將整片的豬腰浸在冷水裡，三四個小時後，豬腰體積會漲發約一倍，所以買一對豬腰、炒一盤腰花已經足夠，量太多是炒不好的。我在網上查了一些菜譜，很多都沒有用水漲發與撕去白膜這兩個動作。

在豬腰光滑的那一面四十五度角進刀，剞十字花刀，切成骨牌大小的菱形腰花塊。用醬油、糖、料酒少許，芡粉少許調妥一碗料備用，切一小堆嫩薑絲備用。炒腰花最好同時用兩個灶火，一個燒一大鍋加了蔥薑料酒的開水，一個燒熱油鍋。大鍋水滾將腰花快速汆一下，水一定要多，腰花要少，才能在幾秒鐘內快速氽透，所以說腰花量太多是做不好的。氽透的腰花立刻撈出放在水龍頭下沖涼，有冰水更好，要讓它冷透，經過這樣的冰火兩重天后，腰花就會有脆嫩的口感，並且毫無膻味。我在網上看的一些炒腰花菜譜也是沒有這一道工序的，而採用大量蒜末、蔥薑、胡椒，甚至醋來祛腥，味道豈不古怪？

緊接著就將備用的調味料在熱油鍋中炒至起稠，將瀝乾了的腰花與嫩薑絲一起倒入，快速翻炒。待調味料能裹住腰花，起鍋裝盆，撒上蔥花，淋幾滴麻油，一盆鮮嫩的炒腰花就成了。以上氽腰花，沖涼，瀝乾，下料，翻炒，裝盆這些動作要一氣呵成，所以調味料要事先擱好，油鍋也最好一邊預備著，省得手忙腳亂。

炒腰花是道宜飯宜麵的好菜，蘇州人最得意一碗蝦腰麵，就是炒蝦仁與腰花的澆頭。腰花還可以炒茭白、青椒，是家常儉省的做法。以前一道腰花雞胗的爆雙脆是我媽媽的拿手菜之一，兩調羹可以伴下去一碗飯，我已經很久沒有吃到了。

「本幫紅燒肉」

隔壁玉玲嫂嫂有兩個男孩子，兩個男孩子都在長身體，飯量驚人。要是哪天家裡燒了一鍋紅燒肉，一頓飯下來還有得剩，玉玲嫂嫂就要摸摸阿大額骨頭，看是不是瘋玩著了涼，又要翻翻阿二的髒書包，找找有沒有老師的告狀信。十號裡好婆的孝順媳婦隔天就要趕早去菜場買幾斤五花肉。親友來電問候，總會問一句：今朝吃了幾塊紅燒肉？當作好婆的健康指標。今天中午，好婆就吃了三塊夾精夾肥的紅燒肉，一條弄堂的人都講好婆實在有福氣，準能活到一百歲。

可不是呢，紅燒肉就是這麼好吃，對著一碗紅燒肉還吃不下飯的人，多少讓人擔心是否有點不妥。

大抵放醬油燒出來的五花肉都能叫做紅燒肉。但中國這麼大，各地紅燒肉的做法大異其趣，有的鹹，有的甜，還有的辣。有的只放醬油、料酒，純粹天然；有的要加八角茴香蔥薑蒜，味覺華麗；有的還會放幾片乾山楂、幾粒紅棗，或者一片香葉，平添浪漫香味。湖南人燒紅燒肉，點名要放湘潭原汁醬油；江蘇人燒紅燒肉加點鎮江特產百花酒，酒香襲人；陝西人的紅燒肉有時會放點商芝嫩葉，又名紫萁，是一種氣味獨特的蕨類，沒吃過，見諸文字，亦覺古意。

去網上搜一搜，很是壯觀，百度百科羅列了十六種紅燒肉的做法，其中最大篇幅的，是我的偶像梅璽閣主邵宛澍先生的家傳蘇式紅燒肉文章摘錄。蘇式紅燒肉馥郁醇美，走的是焐與燜的路子，在紅燒肉家族中的地位不容質疑。而我這篇本幫紅燒肉，不敢打擂，純是致敬。

蘇式紅燒肉就像蘇州的女人，嬌滴滴、糯嗒嗒、甜咪咪。本幫紅燒肉則有著上海女人的經濟實惠和煙火氣。上海的紅燒肉，原叫「炒肉」，因為製作中有一道小火炒製的工序。

紅燒肉，一定要用五花肉，最好連皮在內肥瘦夾花七層，最少也要五層，再次就不值得拿來燒紅燒肉。五花肉洗淨，斬成中等肉塊。燒熱鍋，下極少量熟豬油，放入肉塊，用鍋鏟不斷翻動，炒至表面乾燥泛黃、肉質微微緊縮，即淋紹酒、醬油翻炒至上色，繼而加入清水不至淹沒肉塊為宜，另加蔥薑，小火燜至筷子可以戳通肉皮，加糖收汁即成。

其中「炒肉」的工序，就是後來被一位法國化學家命名為「美拉德反應」的一種，簡單地說，香腸在烤炙中變成褐色，散發香味，就是美拉德反應。我們有時候要阻止這種反應的發生，來保存食物的鮮嫩；有時候又需要利用這種反應，以達到所希望的色澤和風味。本幫紅燒肉就是用一步「炒肉」的工藝，使最終成品香味豐滿成熟，色澤比其他紅燒肉要深得多。

但本幫紅燒肉在炒肉時，一定要少油，並不停翻動。現在有些飯店大師傅不明就裡，開大油鍋將肉炸一遍，最終口感油膩惡劣，實在是偷工廢料的做法。

本幫紅燒肉，瘦肉緊而不硬不僵，絲縷清楚，有火腿香；肥肉將融未融，潤而不膩；肥瘦相交的部分，其潤如酥，是整塊肉最出色的部分；肉皮黏糯，但仍有微韌的口感。一塊肉，只用一種簡單的烹調，即可使每一層盡情呈現不同質感，各自精采而又渾然一體的，非本幫紅燒肉莫屬。

紅燒肉肉太少燒不好，燒多了一次又吃不掉。上海人本著節儉的過日子原則，喜歡在第二頓回鍋紅燒肉時加進雞蛋、百頁結、水筍等㸆一㸆，一滴醬汁都不浪費，又翻新了口味。我喜歡水筍㸆肉，吸飽了醬汁和肉油的水筍，真比肉還好吃呢。不過哪天有個上海人對你說：我要請你吃一頓竹筍㸆肉，你可別高興得太早，因為在上海話裡「請吃竹筍㸆肉」，更多時候不是要請你吃飯，而是要「揍你一頓」的意思。

饅頭兩生花

我語重心長教北方來的朋友：你們口中的包子，我們叫饅頭。肉包子叫肉饅頭，菜包子叫菜饅頭，豆沙包子叫豆沙饅頭……依此類推，生坯煎出來的叫生煎饅頭，用小的籠屜蒸出來的，叫小籠饅頭。

上海的生煎有兩種流派，一是清水生煎，特徵是：肉餡湯少，收口朝上，皮厚薄適中，底略厚。從前上海灘最出名的幾家生煎饅頭店——蘿春閣、王家沙、大壺春，都是這樣的清水生煎。清水生煎的肉餡緊，但並不呆滯，嫩嫩的，帶一點湯汁，是調味後熱氣豬肉本身的肉汁，而不是額外加入的肉皮凍。半發酵的皮子不鬆不僵。焦香略厚的底子，沾著鮮美的湯汁，是生煎饅頭中我最最喜愛的部分，蘸一點米醋送入口中，完滿精采的收梢。

還有一路是混水生煎，肉餡湯多，收口朝下，皮較薄。混水生煎的餡料裡，加入了肉皮凍，所以湯汁比較多，雖然也鮮，稍嫌黏膩，我並不欣賞。但從前友聯、豐裕做的混水生煎，還是很吃得過。餡皮比例恰當，一只只生煎不論冷熱，始終頂著個圓圓胖胖的腦袋。可惜現在很多生煎一味追求所謂皮薄、餡大、湯多，拚命往肉餡裡加肉皮凍，直吃得矯舌不下。生煎皮盲目地薄，甫一出鍋，便一副縮縮癟癟的倒楣相，令人毫無食欲。更要命的是，用了太多的油，生生把個生煎底子炸成了油麵團。要知道，生煎是加水慢煎出來的，底子是少油烘出來的。現在這些急功近利的貨色，最多只配叫油炸湯包。

當然，好的湯包也不會是這個樣子。有句笑話說：上海人氣第一的饅頭店，壓根兒不賣饅頭。對，城隍廟南翔饅頭店金字招牌下賣的是小籠湯包。上海人叫小籠饅頭。它的餡裡打入雞湯熬的肉皮凍，晶瑩透明的皮子兜住一汪鮮湯，厚一分則拙，薄一分則漏，細巧齊整的褶子，收口絕不會擰成一個麵疙瘩。沒一年半載的練習，便要出紕漏。夾著饅頭尖輕輕提起，像只吹彈即破的小口袋，咬開一個小口，吮吸鮮美湯水。正如梁實秋先生所說，一提一吸，很有樂趣。我們有時把湯灌入包子裡，有時把蝦仁盛在番茄裡，有時用手撕開羊肉拌飯抓著吃，並不是因為非這樣不好吃，而是於滋味之外品嘗食物的生趣、美麗和自由。

梁實秋先生讚揚小籠饅頭之餘，還寫道：臺北也有人仿製上海式的湯包，得其彷彿，已經很難得了。要是梁老知道現在上海大行其道的正是一家臺北小籠館，恐怕要跌眼鏡。其實，在上海，物美價廉的小籠饅頭還是很常見的。老字型大小姑且不論，就是街頭巷尾的小攤也有不俗的表現。

每一個上海人，都會知道離家最近的，好吃的生煎、小籠店。這饅頭兩生花是一家人喜歡的早飯，有不速之客時解決尷尬的一頓簡餐，下午四、五點鐘點餓的小吃。那些被廣告和旅行指南忽悠得正襟危坐吃幾十塊一客小籠的食客，或者在劣質生煎門口排隊等位，沒見過世面的老外，讓上海人看了痛心疾首。可是有什麼辦法呢？從前的小籠饅頭，放在洗得乾乾淨淨的松針上蒸出來，搛起來就不容易弄破；籠屜裡體貼地附贈蛋皮清湯一碗；還有切得細細的薑絲，不嫩不老，浸在清水裡任人取用。從前的生煎饅頭，就算大師傅熱得打赤膊，也會在生煎出鍋時一半撒芝麻，一半撒蔥花，有人要求一兩生煎裡兩只蔥花、兩只芝麻，是會被耐心地滿足的。現在，漸漸不再有人懂得這些細節的藝術。

聽完故事，北方朋友還是一臉疑惑，問：那麼你們管饅頭叫什麼呢？——哦，我們叫淡饅頭，或者白饅頭。

菜單

茄汁花菜、蒜蓉海帶、暴醃帶魚、本幫紅燒肉的香味已經噴薄而出，才發現忘記燒飯了。

「雅舍談吃之雞刨豆腐」

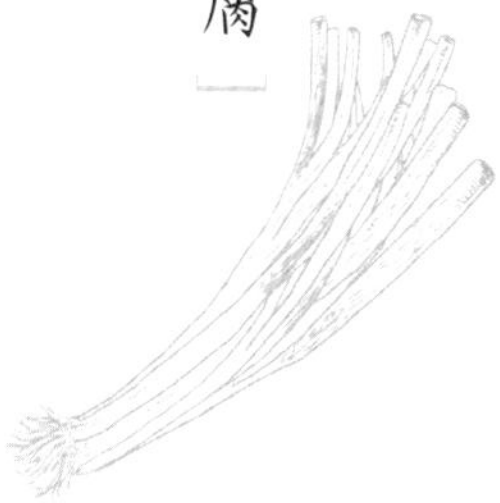

梁實秋寫《豆腐》，短短一篇描述了八、九種豆腐菜。涼拌豆腐平鋪直述，凍豆腐熬粉絲白菜溫貧暖老，蠔油豆腐獨具巧思，而實以肉餡、又是炸又是紅燒的羅漢豆腐丸子則技近屠龍了。

文中有一道雞刨豆腐，是雞蛋與豆腐加蔥花同炒，說是很家常，可我從來也沒在任何地方有幸嘗到這款家常菜。寫豆腐的文章、集子甚至專著太多，也從沒見誰提到這雞刨豆腐，真正是名不見經傳。雞蛋好吃，豆腐更是我所愛，加上蔥花——作者提示「大量蔥花」——滋味大概不會錯。

小板豆腐——普通盒裝豆腐太水嫩，這道菜不易取用——切大塊，撒少量細鹽，析出水分，瀝乾。草雞蛋根據個人所好，兩三個皆可，加細鹽、蔥花、紹酒數滴打勻。切「大量蔥花」備用。起油鍋，油要稍微多一點，俟油鍋八分熱，倒入雞蛋劃散。雞蛋漸漸凝固，即可倒入豆腐和蔥花，因為之前豆腐用鹽餵過，此時不需再加什麼，只要像梁實秋所寫的：「……用鏟子在炒鍋熱油裡戳碎，戳得亂七八糟……養過雞的人應該知道，一塊豆腐被雞刨了是什麼樣子。」雖是寫家常菜，這手法，也著實魯莽得緊，不過這樣「刨」出來的豆腐味道很好。廚房新手初試牛刀，這也是一道不易失手的菜。

後來我再做雞刨豆腐，先蒸點火腿切成碎末，在加蔥花的同時也加入火腿末，於味道、口感、顏色上貴族化了許多，用來送粥極佳。

豆腐是中國人發明的，在中國，豆腐菜總是和家常、平民、煙火氣脫不了干係。「白菜豆腐保平安」訴說的就是老百姓現實而卑微的生活理想。倒是日本人，把豆腐吃出了禪意。前幾年在花園飯店的山裡料理店吃日餐，其中一道湯豆腐，給我留下動人印象。深色的粗陶碗，一泓清水中，靜靜漾著四四方方一塊豆腐，牙白的豆腐上，有一小朵連著寸許綠莖的黃色花芯，像煞竹內棲鳳或者菱田春草的水墨小品。我甚至連只是醬油與蘿蔔茸的簡單調味料都沒捨得蘸，只輕挑一角入口。微溫的豆腐細潔，輕盈。要說味道，我卻是吃得困惑極了，那豆香實在遠得很。我暗忖，這湯豆腐，勢必要在京都桂離宮的榻榻米上，才能品出清風與露的味道的吧。

菜單

晚飯，紅米莧、蒜子紅燒鮰魚、糖醋長豇豆、蒸三色蛋、肉骨冬瓜湯……鹹蛋黃冬瓜失敗了。

泡飯啊泡飯

泡飯，也叫茶淘飯。滬語中的茶也指白開水，茶淘飯，無非就是白水淘白飯。上海的弄堂裡，跑進跑出多的是吃泡飯長大的孩子，泡飯也就成了上海的世俗文化符號之一。

石庫門裡的早晨，封了一夜的煤爐捅開，開水隔天夜裡已經灌滿了一只只紅紅綠綠的熱水瓶，一早的煤爐最要緊燒點泡飯，熱彤彤給小人吃飽了去上課。先將水煮開，水要多，否則湯易混，放入隔夜的米飯，用勺子細細捺開結團的冷飯，只一會兒，再次開鍋，泡飯即大功告成。這樣「一滾頭」燒出來的大湯泡飯，湯清，米滑，非常爽口。泡飯切忌久煮，常有忙碌的主婦顧此失彼，忘記了爐頭上的泡飯，使之滾了又滾，就變成一鍋湯濁米糊的厚粥爛飯，失去泡飯爽利精髓，面目模糊，索然無味。

或者索性更簡單，用大沸的開水泡隔夜冷飯。冷飯盛在碗裡，注入開水，根據天氣冷暖，一遍兩遍不拘，也是很普遍的做法。

安波哥哥吃泡飯最最講究，我這些吃泡飯的路數，在他看來，全無章法。他的泡飯，是用上好大米，新燜得的熱騰騰米飯，用冷水泡來吃的。哥哥的理論依據是一句俗諺，叫做：熱飯冷茶淘，爺是郎中醫勿好。這句話有兩層涵義，其一顯見：冷水泡熱飯吃，不易消化，日久傷胃，哪怕親爹就是郎中也難根治；其二則妙：冷水泡新熟米飯之美味可口，令人欲罷不能，哪怕親爹是郎中也是心癮無藥。

新熟米飯的米粒表面黏，內裡糯，瞬間被冷水一激，表面立刻光滑，如珠如玉，內心依舊溫軟，已臻內外兼修境界。和以節儉方便為主旨製作的隔夜飯版泡飯相比，確實要高明太多。這樣炮製出來的泡飯，配上可口小菜送一程，米粒會得自動往喉嚨裡滑。

那一年從北歐一路逛去巴黎，一副天生的泡飯腸胃早被馬鈴薯、肉丸子、斯堪地納維亞餅乾折騰得顛三倒四，到戴高樂機場就一通電話掛去安波哥哥家討泡飯吃。哥哥果然饗我以冷茶淘的熱飯與醉雞翅、腐乳、花生米，如是兩天四頓，我才又攢下了去奧賽朝聖的體力。

當然，泡飯是不能自成篇章的，過泡飯的小菜要好。這個好，絕不是要多奢侈靡費，只是一定要合各人的心水。醬菜、腐乳、鹹蛋、肉鬆是常規武器；梅干菜紅燒肉、鰻鯗屬於重型武器；臭帶魚、蕹菜梗等於大規模殺傷性武器；而隔夜小棠菜、碗底剩的紅燒魚凍、油條蘸醬油甚至白糖楊梅，則是偏門的獨家暗器了。甚至有些菜，根本是為了泡飯而生的，如八寶辣醬、雪菜冬筍毛豆子、鯗魚蒸肉餅等等，如果配了乾米飯，怎能盡情盡興？

現在的上海館子，點心單上總少不了菜泡飯一味，變化繁多。有走親民懷舊路線的豬油菜泡飯，也有走豪華路線的龍蝦泡飯與蟹粉泡飯。泡飯華麗變身，上海人順便輸出文化價值觀。

我想起一年在鄉下度寒假，一碗柴火大灶上做飯剩的飯鑊焦，隔天燒成泡飯，因人多不夠，又往裡添了幾片自家舂的年糕。米飯焦香特別開胃，年糕又滑又糯，自己醃的鹹蛋一筷子下去，亮晶晶的油順著手腕往下淌……如今別的好說，只這飯鑊焦一物，可讓我去哪裡淘換吶。

金磚銀磚

我喜歡紹興的好山水。五泄有七十二峰三十六坪，瀑布輾轉五折而下；又有東湖白玉長堤路，烏篷小畫船，迤邐簡靜。卻沒像九溪十八澗和西湖兩堤那樣蜚聲於世。館閣園舍、寺廟樓臺數不勝數，亦比不上蘇州園林聞名遐邇。

不過紹興人絲毫不介意這樣的籍籍無名，我也因此喜歡紹興人。紹興人是規規矩矩過日子的人，求的是歲月靜好，小富即安，連壞也是小奸小壞，造個反不過圖和吳媽睡一覺。所以在紹興，類似徐文長、祝英台這樣出了點格的人，縱有才情，終難得個好收梢。

紹興人的日子是拉長了來過的，今天想著明天的過法。生了兒子，埋一罈老酒，兒子成人才開，叫狀元紅。生個女兒，也埋一罈老酒，女兒出閣時開，叫女兒紅。中不中狀元，嫁不嫁金龜婿先不打緊，新酒變成了陳釀，總不會落空。

紹興人的日子是實用主義的，破帽遮顏，漏船載酒，紹興出名的氈帽和烏篷船就算入了詩，依舊是毫無詩意的庸常模樣。

紹興人的日子是省著過的，像紹興的吃食，精髓全在一個省字。紹興菜，清蒸居多，是為了省稻柴，飯菜疊在一個灶上，飯焐熟了，菜也蒸透了，節省一個火頭。臘月裡，魚肉、雞鴨用醬醃起來，晾滿一個廊簷，省省吃，吃到黃梅天尚有餘藏。暑日裡，菜餚不經擺，反正紹興酒多糟也多，糟茭白、糟豆芽、糟五臟六腑，醉乳腐、醉烤麩、醉蝦兵蟹將，省省吃，醇香連綴整個夏天。就連最便宜的千張、豆腐、雪裡蕻、莧菜梗、南瓜藤也要省。省啊省，省得長出了霉，全部丟進一只臭甏裡，終於，不入五味的臭菜一路橫空出世。

有一種說法，傳第一個吃大閘蟹的人是一名紹興師爺，我看這勇武的行徑，怎麼也不像紹興人的所為。我覺得如果有一樣吃食能和紹興人聯繫起來，非臭豆腐莫屬。

「紹酒一斤，十個油豆腐，辣醬要多！」紹興人一支刀筆厲害啊，這是我見過最簡潔的菜譜，區區幾個字說明白主料，配料，數量，製作方法，提示重點是辣醬要多！江南也有油炸臭豆腐蘸甜麵醬的，我總覺得像山大王強占了秀才娘子，不是味道。

酒店把這油炸臭豆腐取名為「炸金磚」，牽強附會得有趣，乾脆炸也不要了，就叫金磚更好口彩。那麼清蒸臭豆腐就叫銀磚吧。

蒸臭豆腐可以加很多東西，最多的是配一些鹹鮮貨，比方鹹肉、火腿、鹹魚、扁尖之類，臭有鹹鮮味撐腰，臭得理直氣壯。有時就加幾顆毛豆，像畫梅點苔，只取些許綠意，臭豆腐便臭得一心一意。

毛豆子氽水，放在臭豆腐上一起蒸。要注意兩點，第一，火不要太大，大火久蒸，臭豆腐像被蒸汽蛀空，起了蜂窩口感就差；第二，稍加點糖，可解臭豆腐澀味。蒸好了，可淋一些小磨麻油，香與臭在空氣中奇妙地共舞。

只有小孩子才流連冰淇淋、甜甜圈簡單無辜的滋味。臭菜之美，是絕險處的風景，不是人人都有福消受的。紹興人一道臭豆腐與臭莧菜梗合蒸，是著名的蒸雙臭，欣賞這樣的味道，不光要勇氣，亦要道行。

戀戀蔥油香

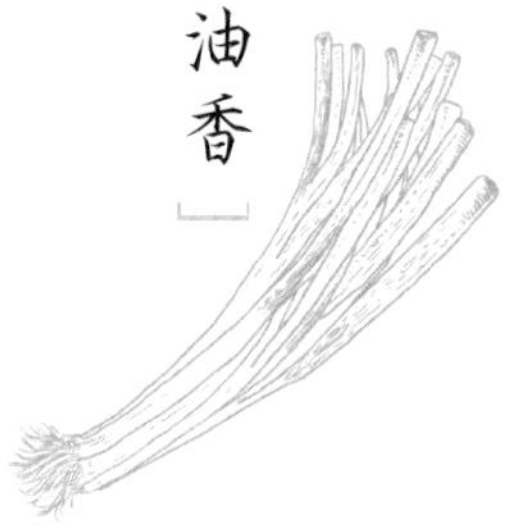

吃淨齋的人，是連蔥蒜一應香辛料也要忌口的。是因這些食物的香氣，實在比魚肉葷腥更易觸動凡心。

南方人嗜蒜的不多，但蔥卻用得出神入化。這蔥是指小蔥，也叫香蔥、細香蔥。北方大蔥人高馬大，味道倒還是身材小巧的小蔥來得濃郁。生食最明顯，章丘的長白大蔥尤其甘美，辛辣則縹緲，拿來蘸醬卷餅香甜適口；用於魚肉辟腥，菜、湯、麵點的點綴提香，小蔥則要更勝任一些。

寧波多水路，以前大舅舅每天出門釣魚，野生河鯽魚可以帶回來半鉛桶。又值舅媽的園子邊上細香蔥一天野地，採個幾斤與河鯽魚同㸆，魚鮮蔥香相互浸淫，蔥㸆河鯽魚出鍋，一層樓都噴香。又有蔥油蛤蜊、蔥油芋艿、蔥油蠶豆、蔥油海蜇、蔥油白肉、蔥油香萵筍，無論葷素，經蔥油一番提攜，滋味便有委婉的風致。

小蔥富含芬芳的揮發油，受熱散發，易融於油。而熬蔥油，是件需要十分用心的事情。

小蔥也分品種，最好的本地細香蔥，長不盈尺，蔥白部分隱約有點雞腿那樣的形狀，根部胖鼓鼓的，沿著蔥青一路尖細，叫做雞腿蔥，味道香中帶辛，辛而不辣，十分得體。有種相似的叫青蔥，成熟時比細香蔥長得多，沒有腰身，筆筆直，蔥青粗而易折，香中明顯一股霸道的辣氣。即使用未長成的青蔥冒充小香蔥，還是聞一聞就很容易分辨優劣。青蔥長到快要開花時，蔥青部分粗老如麥管，折斷處冒出刺鼻的黏液。菜攤上「送你蔥」的，經常會是這等貨色，已經不宜入菜了。

選雞腿蔥適量，洗淨，切下根鬚，先在溫油中熬透，再撇除。好蔥油需要一支蔥的全身奉獻，蔥根香味成熟，捨棄便不周全。蔥青剝去外層蔥皮，根據菜品需要，切成蔥花或寸把長的蔥段下油鍋。熬蔥油要用素油，不能用味重的葷油，也不能用有特殊香味的油，如花生油、芝麻油等，因為容易打擾小蔥本身的香氣。

熬蔥油全在一個「熬」字，從頭至尾用綠豆小火，有一種靜修的儀式感。油鍋裡只聽得微微的呢喃，而非熱汽喧騰，即是最佳火候。期間用筷子輕輕撥弄蔥段，使之受熱均勻。見蔥段顏色由青澀而熟黃，香氣漸盛；再至蔥段漸漸顯出褐色，便可熄火，餘溫足以將其炙透。

下一把麵，用適量蔥油和醬油勻勻地拌開，叫蔥油拌麵。絕不複雜，無限謙卑，十分美味。所有走過漫長時間仍然陪伴我們的食物，都會具備這些品質吧。上海麵條頗多佳作，麵澆頭上花樣迭出不算，夏天的風扇冷麵，考工夫的肉絲兩面黃，西式的奶油焗麵，真是好麵輩出。而就是這麼一碗幾乎由蔥油獨自擔綱的拌麵，從來沒有喪失在眾多麵條中的地位。

在蔥油裡加入幾個黃酒發透的開洋，煸得乾香有嚼勁，一起拿來拌麵，就是很可以上得檯面的蔥油開洋拌麵。如果你懂得把這種麵簡稱為「蔥開」，上海人便會心一笑，把你當作知味老饕啦！

海派西餐和奶油菜心

哪怕在最最艱難封閉的年代，上海人也從來沒有停止過吃西餐。食物的供應是那麼的匱乏和單調，上海人還是能夠在家中用炸豬排、羅宋湯、馬鈴薯沙拉這樣的西菜呼朋喚友。麵包粉買不到，是用蘇打餅乾自己擀碎的；沙拉醬沒有現成的，是零拷的一兩沙拉油，用蛋黃人工打出來的。飯後還是要喝咖啡的，即使是用一種只有淡淡甜焦味、沒有一點咖啡香的即溶咖啡塊。

西餐館也得另尋出路。紅房子改名叫做紅旗飯店，賣點雞毛菜、排骨湯這樣的食堂菜，但馬鈴薯沙拉還是有的，只是換了個本分的名字叫油拌土豆，潛伏下來。後來，世道漸漸好起來，紅房子門口又排起了等待開洋葷、尋舊夢的隊伍。奶油焗龍俐魚沒人會做了，換成麵拖箬塌魚也很好吃，蘸點黃牌辣醬油，比加檸檬汁好吃多了。焗蝸牛的家私破四舊破掉了，用鐵皮敲幾個，也蠻像樣的；盤子有了，蝸牛還是找不到，就用肥肥的蛤蜊；蒜蓉、芹菜葉子、胡椒代替什香草，味道一流。還有一些像蝦仁杯、葡國雞、奶油焗蟹斗、魚翅金必都這樣，永遠不可能在法國本土找到藍本的菜。

有家叫新利查的老牌館子，也不知賣的哪一國的西餐。加了蝦仁的Omelette，叫杏力蛋，煙燻鯧魚也算西餐，豬排更是少不了，只是變成吉利炸豬排蓋澆飯。偏這館子，去的還都是些老克勒[註7]，心甘情願看著老阿姨服務員微笑免談的臉色懷舊。

這才是海派西餐。正宗、精緻並不是它專屬的標籤。海派西餐是上海人依著自己對西餐的理解，根據本地食材的特性，調校出來的西餐。宗派縹緲，自成一格，務實、變通、包容、合理，像上海人一樣，有十足的生命活力與智慧。

小時候，大人聚餐吃西菜，我就雀躍得很，全因小孩子喜歡新鮮口味。和大人們一起坐在桌子邊，也拿副刀叉，沙拉、羅宋湯、豬排……比平時端莊，乖乖的，認真的，一道道吃下來。平時吃青菜，多是清炒，放湯，時而暴醃，㸆菜。在這樣的聚會裡，就有機會換口味。可以吃到甜甜奶香的奶油菜心。

入冬霜打過的矮腳青菜含糖量高，口感極糯。矮腳菜個頭大，要得三兩菜心，起碼剝掉一斤菜葉。取材有點考究，不過菜葉可做他用，並不浪費。菜心洗淨，根部削成尖尖的橄欖狀。西菜裡泥狀食物用兩把勺子刮成橄欖狀，叫做quenelle，是非貴客不能享用的一種形制。大概中西方對美食的要求多少有點默契。

小只白蘑菇洗淨切片，與菜心一起汆水，至水沸撈出，迅速沖透冷水待用。這樣處理過的菜心，能夠在後面的烹飪中始終保持新鮮的顏色。起油鍋，用奶油更好，中火下青菜與蘑菇快速翻炒幾下，加入較多牛奶，牛奶要濃一點，沒有合格的，可以換淡奶油。下鹽少許，糖少許，加蓋至湯沸。先盛出菜心，撇油，淋奶湯裝盆。

奶湯寬寬的，精心修飾過的青菜心浮在牛奶的湯汁中，像乳白海洋中青翠的群島。冬天甜熟酥糯的青菜，在蘑菇奶湯醇郁的香味包裹之下，口味嬌俏柔媚。用手邊的食材，帶著一點對舊世界隱約的追憶，想像並模擬著異國他鄉的味道……奶油菜心——我們叫它海派西餐。

註7：取自英文「Class」，上海人對品味不俗的年長男人的美稱。

沖一只湯

中國之大，彷彿愈往南愈是講究喝湯。廣東人那種老火慢煲的靚湯已經成了一種意象，暗啞的火，複雜融通的滋味，被期待的歸人，似乎隱喻了太多委婉曲折的情愫。

江南人家吃飯，尤其是夜飯，一定要有一只湯。冬天的飯桌上，主婦從廚房搭出一只砂鍋，嘩一聲掀開蓋子，肥厚金黃的雞湯裡浮著金黃的黃芽菜和金黃的蛋餃，還嗒嗒嗒地沸騰著呢，就勢撒一把切細的香蔥，主婦那一聲「開飯了！」才叫得中氣十足。

炎炎夏天，有一只早早燒好、已經晾涼了的雞毛菜洋山芋湯，或者南風肉冬瓜湯，饒是再沒胃口，也可以吃下半碗飯去。

總有炒個炒飯將就一頓的時候，湯還是要有一只的，哪怕是沖一只湯。這裡的「沖」，是真的「沖」。周作人在知堂散文中寫過，從前進京趕考的讀書人，隨身帶了筍乾、開洋一應乾貨，在驛站用開水沖一只湯吃，滋味不惡，聊補路途上飲食不調之苦。

海蜒和紫菜沖的醬油湯最好吃。海蜒是一種細小的海魚，曬成銀亮亮的小魚乾。去了頭洗淨，和撕碎的紫菜、蔥花、醬油放在一只深深的大碗裡，沸騰的滾水注下去，再淋上幾滴小磨麻油。燙過的海蜒吃起來還有點韌韌的，很鮮，如果是煮的，海蜒口感軟爛，反而沒意思了。

隆冬霜打過的菜秸，甘甜而纖維細嫩。以前等菜秸最便宜的時候，節儉的主婦都會買上許多，晾上幾竹竿的菜乾，叫做菜蕻乾。過道、穿堂裡的背陰的地方，彌漫著菜蕻乾的清香。菜蕻乾剪成寸把長，可以儲存很久。吃時也是加點醬麻油，用滾水衝開，菜蕻乾在水中舒展，像泡茶，菜香緩緩釋放，彷彿菜秸的精魂都在這一碗滾水裡復甦了。

大學住宿舍的時候，晚上餓了，泡一碗速食麵，也會和以前苦讀的人一樣，往麵湯裡丟幾段菜蕻乾、幾根榨菜，那麵才比較像一碗麵。

大概只有上海人才知道什麼叫青龍過海湯，這名字驚天動地的湯，也是沖出來的呢。兩根小蔥算作青龍，一點醬麻油，用滾水一沖，簡單到好笑。小時候是真有人家拿這湯湊做一樣菜的。現在變成故事，只逗人玩兒罷了。

菜單

茭白青椒銀芽素三絲、炒菠菜、蘑菇肉末家常豆腐、油燜條蝦、香菜梗清油鱔絲，香菜葉正好撒在芋艿鴨湯上。

苦瓜炆排骨

苦瓜有個好聽的別名，叫做錦荔枝。我見過鄰居家中的清供[註8]裡，有熟透的苦瓜，淺綠中和著一半橘紅，有玉石一樣的光澤。臺北故宮有件苦瓜的玉雕，就叫白玉錦荔枝。可以想像給皇家進貢的人是如何煞費苦心。如果硬生生叫白玉苦瓜，便不討好。假如誰用了苦瓜的另一個別名——癩葡萄，入宮獻寶，那恐怕肩膀上有十個腦袋，也不夠「喀嚓」的。

苦瓜的味道並不太討巧，孩子們不愛的多，只有成年人老到的味覺，才夠資格欣賞苦瓜的滋味。自討「苦」吃，「苦」中作樂。

廣東濕熱，廣東人喜歡吃苦瓜解毒除熱，清炒、冰鎮都吃得不亦樂乎而不覺其苦。我則更喜歡用苦瓜做配菜，色香味俱佳的，當數苦瓜炆排骨。

選上等肋排，必須是新鮮的，化凍的冷氣肉水分不足，容易焦底；帶一分油的最好，肥肉太多了，在炆的過程中炙出大量油，會將排骨煎老。肋排切成寸金段，加蔥薑、料酒，不要加水，放入陶煲或紫砂煲中，用棉紙將煲陶的蓋子邊沿密封住，然後以綠豆小火慢慢加熱。

我覺得所有中國菜的烹飪方式中，「炆」真是最優美安靜的一種。小小的火焰溫和地晃動，木訥的陶煲緩慢升溫，沒有一絲聲息，而煲內是微微的波瀾，有遊絲般的香味從有限的縫隙中偷偷逃逸出來誘惑你。在這香味裡，你一邊將一條苦瓜洗淨，對剖，去籽，斜片成彎彎的厚片，這樣可以讓苦瓜充分釋放出清苦的汁液，然後用鹽將苦瓜片醃起來。很快，苦瓜被漬出碧綠的汁液，發出一縷寒香，迫不及待地與空氣中漸漸濃郁的肉香去會合。

做這道菜，你最好守在一邊，用嗅覺判斷「炆」的程度，當排骨的香氣已經彌漫，可以掀開蓋子看一看，一開始被文火炙出的肉汁，又被收乾，肋排緊實而無乾枯之態。這時，可以剔出蔥段、薑片，將苦瓜汁倒入煲中，苦瓜汁含鹽，所以不需要另外加鹽了，肋排要都能均勻沾到適量的苦瓜汁。蓋上蓋子，仍用棉紙封口，仍以綠豆小火加熱。約十五分鐘後，苦瓜汁大部分被收入肋排中，可以加苦瓜片了。這時的肋排，呈現出肉類被淺淺醃漬後微紅的迷人色澤。苦瓜片倒不必全部入菜，一半就足夠，滋味已經都在苦瓜汁裡了。加入苦瓜後，蓋上蓋子中火燜一燜，趁其未失新鮮顏色即可離火。

粉紅油亮的肋排充滿世俗氣息，苦瓜卻是脫俗的，堅貞地保有青翠的顏色，初看像一對不般配的伴侶，口味卻如甘苦自知的經年愛侶一樣，有深刻的諒解、融合與默契。

有一次在花園飯店的日本料理店點了一道蔬菜炸物，裡面的苦瓜天婦羅令我驚為天人，廚師說苦瓜是日本沖繩產的，麵粉也是日本做天婦羅專用的。這是我吃過的最美味的苦瓜料理，也是我吃過的最美味的一種天婦羅。

註8：室內放置在案頭供觀賞的擺設，包括各種盆景、插花、工藝品、古玩等。

懷舊西餐——羅宋湯

我小的時候，爸爸媽媽還年輕，他們也有他們年輕有趣的朋友圈子。聚餐是經常的，有時是吃西餐：羅宋濃湯、炸豬排、上海沙拉，奶油菜心裡的蘑菇是罐頭的，如果碰巧買到箬塌魚，就多一道炸魚排，蘸番茄醬汁，如果誰家有隻活雞，就又多一道葡國雞。每次聚會，爸爸媽媽和朋友們總能湊齊在當時極其難得的食材、作料，比如上好的牛肉，足量的排骨和肥雞。總有人千方百計覓來新鮮的咖啡粉，甚至抹麵包的奶油，有人帶來家製的果醬，有人清早去老大昌或哈爾濱排隊，等候新鮮出爐的奶油蛋糕。

除了豐盛的食物，大家也在這樣的聚會上交流各種非官方、非主流的消息和新鮮有趣的物事。我就是在這樣的聚會上第一次聽到鄧麗君慵懶地演唱〈美酒加咖啡〉；讀到第一本《讀者文摘》；第一次吃青箭口香糖；第一次用麗仕香皂洗手，那留香一整天都嫋嫋不散。

那天，閒聊中不知是誰突然提議吃一頓懷舊西餐，人人雀躍。毫無懸念，大家公推的三道菜

是：羅宋湯、炸豬排和沙拉。如今在上海，想吃哪一國的西餐都不是難事。偏偏這老三款，如果不是家庭自製，要嘗到正宗的，最近的地方大概是歐洲。

週末人倒齊全，懷舊西餐擇吉登場。剛下火車的老馮又被一次次差出去買用光了的雞蛋、不夠的馬鈴薯或者牛奶；小豆在廚房揮舞肉槌將排骨砸得血肉橫飛；楊軍則像進行科學實驗一樣，一絲不苟地用筷子順時針攪打蛋黃和沙拉油，手工調製沙拉醬，無疑買現成的沙拉醬充數難以緬懷舊日情趣……場面不是不混亂的。

閣主在灶臺上炮製這頓西餐的靈魂：羅宋湯。一份牛筋和三份牛白奶已經分別燉得酥糯，依次加入馬鈴薯、胡蘿蔔、捲心菜、番茄後經小火細煨，各路食材你中有我，我中有你，巨大的湯鍋裡散發出錯綜複雜的香味。在加了油煸過的番茄醬之後，湯色是有點詭異的豔紅。紮著不合身的圍裙，擺弄著各式調味罐，拿著長湯勺在大鍋中不停攪拌的閣主，完全像個童話中總在煮著點什麼的巫師。接下來就要炒製最關鍵的油麵醬。

熱鍋中放一大塊奶油，溶解後加適量的乾麵粉，開小火輕輕翻炒。麵粉與奶油充分拌合，手感均勻酥潤，產生迷人香味，這時舀幾勺湯汁，再次攪拌成較為稀薄的油麵醬。這油麵醬一倒入湯鍋，整鍋湯愈發濃稠鮮豔起來，再撒入一把芹菜葉，色香味已臻巔峰狀態。這時，「巫師」發出一聲滿足的輕嘆：「這是我畢生絕學啊！」——湯成了。

現在很多的懷舊文章每提及西餐，言必紅房子；每提及紅房子，言必羅宋湯。其實，羅宋湯不是典型的法國菜，上海灘羅宋湯做得最好的，也並不是紅房子這家法國菜館。早些年，東湖路淮海路轉角處，有一間叫天鵝閣的俄式西餐館，二樓有裸著房樑的優美斜頂。天鵝閣的羅宋湯稠而不滯，酸甜適度，做得最最地道。炸豬排也好，我鍾愛的黃牌辣醬油一整瓶放在桌上，可以隨便加。媽媽總在休息天的下午領我去天鵝閣吃點心。炸豬排比較貴，不是能常常點的。母女兩人經常是各點一份羅宋湯，外加一個噴香滾熱的牛肉餡咖哩角。是記憶裡無與倫比的好味道。

香茜皮蛋魚片湯

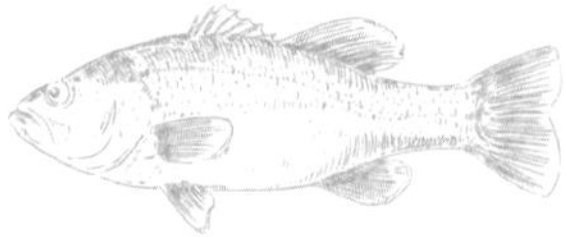

當然這不是一道傳統的上海菜。

香菜，有奇異香味，濃郁霸氣，是古時西域傳入的一香料，原名胡荽，北方人也叫芫荽，廣東那一帶則叫香茜。見名目裡「香茜」二字，大致可以判斷這是道廣東湯品。

我是在一九九一年第一次嘗到這一碗香茜皮蛋魚片湯的。一九九〇年代初的上海，老飯店、揚州飯店、國際飯店、紅房子等各路老牌國營餐館日漸式微，精美的港式菜餚、茶點則在各大星級酒店粉墨登場。除了味道的新奇可口，還帶來了入席領位、先湯後菜、熱毛巾、頻換骨盤、半掀壺蓋即添茶等一套套就餐新規矩。香菜叫做香茜，鮮活叫做生猛，結帳叫做埋單。上海人「買單」、「買單」的混叫了許久，才弄明白原來是「埋單」兩個字。

星級酒店的價格與它的海鮮一樣生猛，平民百姓心嚮往之卻根本望塵莫及。上海第一家以港式海鮮為號召的獨立餐館，一九九一年在紹興路開張。開明宗義，名字就叫「海鮮城」。

那次宴客，老闆覺得星級酒店太隆重，便席設海鮮城。吊燒乳鴿、東江鹽焗雞、白灼基圍蝦、清蒸海鱸、上湯蘆筍，點心是金銀小刀切蘸甜煉乳。同齡人看到這幾味當時典型的港式菜點應該會會心一笑。那天最先上的一道湯，就是這香茜皮蛋魚片湯。湯盛在大碗裡端上來，給客人驗明正身後，又撤下去，由服務小姐嫋嫋娜娜盛入小碗，分得倒是均勻，每人只得淺淺半碗湯、一片魚、一片皮蛋、香茜若干。

湯汁入口甘甜，魚肉嫩滑，皮蛋清鮮，又有香茜著味，非常好吃。老闆問諸位是否要添，一九九一年的我，只是個低級職員，深明忝陪末座之大義，不肯造次，只矜持地擺擺手，表示淺嘗輒止。結帳時，知道這一頓海鮮，吃掉我一個月薪水。那一刻，被顛覆的不僅僅是我的味蕾。當下只想快快憑自己能力，也能讓父母享受同樣的新奇美味。從此埋頭苦幹很多年，這一道湯也可算居功至偉。

現在一般市場上的香菜是用生長素在三天內就長成的，都長得細長，香味淡。好香菜應該有彎曲的菜莖，比成人手指略長，只一枝就能點燃一鍋菜那樣的香法。

皮蛋就是普通的溏心皮蛋，切成薄薄的月牙片。魚，用活的鯇魚，肉味甜美，黑魚更鮮，只是肉質稍老，用烏青中段最好，但現在市面上正宗烏青不多見。總之關鍵是活魚，不新鮮的魚肉一經煮，便渙散不可收拾。魚肉紅色脂肪部分棄之，順絲切成薄薄的片，剔除魚骨，加少量鹽，極少芡粉，稍微捏一捏。

水中放入嫩薑片、蔥結，燒開一會兒，就是蔥薑水，因為是做湯，淡淡的就好。撩去蔥薑，加料酒、鹽，滾沸時下皮蛋，再沸時下魚片，魚片要下得散，一邊用筷子輕輕滑開。待湯開過，即倒入撒了香菜末的湯碗。湯碗最好選敞口的，太深的湯碗散熱慢，沒兩分鐘，香菜就被煨黃了，沒有賣相。

這湯清爽得很，略撒點白胡椒愈發出彩。

豬油

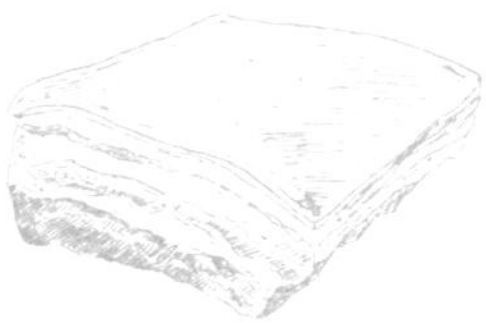

廚房的青花蓋罐裡盛著豬油。總在我伸手可及的地方。

有些菜餚用了豬油，已經得一半勝算。比如本幫名菜響油鱔糊、清蒸鰣魚，蘇式的白汁鮰魚肚、白汁魚唇，河南的瓦塊魚，都是必須用豬油烹飪的。點心裡的八寶飯、寧波湯圓，自然更少不得豬油。上海人最喜歡的幾樣家常吃食——餛飩、菜湯麵、菜飯、醬油炒飯，沒有豬油，簡直就是徒具形骸，沒有了魂靈頭。

但是這幾種菜點，要用不一樣的豬油。

清蒸鰣魚，要用豬網油。網油是包裹豬內臟的油，藏在肌肉裡，呈漁網狀。用網油包裹整條鰣魚清蒸，均匀滋潤。還有網油鵝肝、網油豬腦同出一路，煎烤之後，油滲入食材，油渣亦酥脆無筋，幾可含化。只是一頭豬只有一張網，飯店也不一定能經常進到網油。家常蒸鰣魚，抹點豬油也就算考究的了。只是抹什麼豬油，還另有講究。

最常見的是豬板油，你去肉攤買肥肉熬油，不特別說明，老闆給你的就是板油。板油是豬腹部的肥肉，出油快且量大，煉油後油渣縮得一點點，遇水軟塌，不可入菜。板油煉出的豬油香味不濃，拿來炒菜足矣，可是要用它來點綴餛飩、湯麵，就先天不足。

餛飩、湯麵、炒飯用的豬油，須是肉油，是豬背上的肥膘。俗話說，骨頭邊上長好肉，別忘了，好油出在肉邊上啊！我挑大排骨，一定要華麗地鑲著一圈肥膘的，這肥膘是大排最精采的部分。肉油香得豐滿渾厚，湯麵點心加上一勺，如畫龍點睛，即使只是醬油炒飯，用了這種豬油，也會化平凡為神奇的。肉油出油量比板油少得多，做人家的主婦就不捨得選用。但相對的，肉油煉油剩下的油渣又香又酥，遇水不縮不爛，拿來滾豆腐、炒青菜、做鹹菜麵，是一級美味。

話又說回來，肉油又香又潤，卻不能用在寧波湯糰裡。寧波湯糰的黑洋酥餡心，必須用去了筋的板油。湯糰煮熟，板油正好全部溶解，渣滓全無，味道恰到好處，不會淹沒芝麻的香味。蔥油餅、韭菜盒子，也是同樣的道理。

凜冽的冬夜，裹挾著一身的寒氣歸家。廚房裡只有昨天剩下的冷飯半甑，可這絲毫不能令我沮喪。青花瓷罐裡的豬油斂著黯啞的白光，一經熱力，即刻有脂香如花兒在鍋裡盛放。做醬油炒飯，油鍋裡先下冷飯後下醬油，飯粒吸油，醬香便浮光掠影不能深入。油八分熱時，須先倒入生抽小火慢煸，至鍋內不再有蒸汽升騰，油與醬充分融合，才下冷飯翻炒。

或者除了剩飯之外，你還有幾隻鴿子腳級別的開洋，兩棵霜打過的矮腳青菜。那麼，用豬油煸香黃酒泡發過的開洋，加水大火煮出淡白的湯底，是一碗極簡主義風格的青菜開洋泡飯。

以前菜油粗製，成菜色面不夠美觀。豬油味香、色亮，為大小飯店所愛用。一味濫用豬油，終究是壞廚子對懵懂食客味覺的諂媚，實不足取。但無論健康的風向標如何輪轉，我都不會捨棄豬油，因為有它在那裡，你的胃就永遠可以期待一種最札實、質樸的撫慰。

有豬油的廚房，有凡塵俗世的寄望。

菜單

蔥薑花蛤、爆炒腰花、燒鴨煨白菜、清炒豆苗，熬了半罐豬油，正好添一只豬油渣扁尖豆腐煲。

「茄薑汆豬肝」

今年的冬天特別長，但終於也快到了盡頭。春節那幾天並沒有遵循「邋遢冬至清爽年，清爽冬至邋遢年」的舊諺，在過了一個晴好的冬至之後，又意外來了一個晴好的農曆新年。

南牆根下支著一個刀剪擔子，生意清淡，陽光卻很好，刀剪擔子的主人穿著乾乾淨淨的藍布棉襖，樂得袖著手曬太陽。偶爾吆喝一聲：磨剪刀……磨快刀剪好過年！這吆喝聲真是別緻。從前過年家家戶戶要磨快刀剪的嗎？好像不記得有這樣的習俗。不過我家菜刀今天倒是真要好好磨一磨，要做茄薑汆豬肝，非要一把飛快的刀不可。

很多人不喜歡豬肝，覺得似啃泥巴，但如果處理得當也是美味。這就像「沒有治不了的病，只有治不了病的醫生」一樣，同理可證：沒有難吃的食材，只有蠢笨的廚子。豬肝必須要燒得嫩才好吃，沒本事做嫩豬肝吃的，只有醬豬肝一味，老且好吃。

這道茄薑汆豬肝裡的「汆」字，上面是「入」，下面是「水」，就是指快速入水——當然是開水——快速出水，兩個動作。食材在開水裡過一過，燙熟即可。可想而之，這豬肝必須切得極薄，才有可能在幾秒鐘內氽熟。果凍一樣的新鮮豬肝切薄片，常令廚房新手視為畏途，但如果刀夠快，這立刻變成一件輕鬆愉快的工作。只要一手略施巧勁穩著豬肝，一手持刀輕輕下手，便可如風剪雲，順利切出飛薄均勻的豬肝片來。豬肝要切得薄且大，小就不行，一下鍋虯結一團，一點賣相也無。切好的豬肝要在水裡反覆淘洗，像淘米那樣淘，直淘到血水愈來愈淡，豬肝發白。豬肝不淘洗乾淨，煮湯時會產生大量懸浮血沫。將洗淨的豬肝在加了黃酒的飲用水中浸泡一個小時左右，瀝乾待用。

取半嫩生薑一大塊，切成均勻細絲；番茄兩三顆，切塊；加水與少量鹽同煮。有人要問，番茄不去皮的嗎？要去的，因為茄薑要好好煮一會出味，就不需專門燙番茄去皮，一邊小火煮著，一邊用筷子將番茄皮撈出來不就得了。等茄薑煮得香味四溢，開大火至湯大沸，投入豬肝片，劃散，加蓋，幾乎不必等再沸，即可熄火。開蓋先將豬肝盛出，可略帶點湯汁盛入淺盆中，否則在滾湯裡一焐又老了。

甜白瓷的碗中，湯是清澈見底的粉紅色，嫩黃的薑絲點綴其間。入口微辛微酸，清甜鮮潔。趁熱連盡兩碗，胃中寒氣祛淨。再盡一碗，細嚼薑絲，頸窩隱約有細細的汗滲出。真是一碗禦寒的好湯。

豬肝極嫩，用醬油加青芥末及糖少許做成調味料蘸著吃，衝一衝鼻竅，剛起頭的小感冒，可以不治而癒了。

〔好酒〕

編輯組稿，約我寫一篇酒的稿子，又指定我寫紅酒。我不會。雖然筆下不過飲啄事，也是不敢亂寫一氣的。

也看過很多關於酒的文章，尤其紅酒，有些紅酒品鑒的文字，精準不亞於一份出自化學實驗室的成分報告。更有紅酒盲品，品酒師就像尋味追蹤的偵探，從點滴的蛛絲馬跡中準確判斷出紅酒的前世今生。

我也曾經嘗試理解「單寧結構」、「醇化期」、「酒體中等」，但終究無法將這些冷冰冰的詞彙和舌尖上的感覺對上號。

吃西餐的時候，懂得要看一下酒標，以驗明正身；懂得在酒侍斟上一點紅酒後，用手扶著酒杯底座晃一晃；也會打量一眼掛杯，鼻子湊上杯沿深嗅，抿一口，在口腔裡文雅地轉一圈，然後朝酒侍點頭微笑，表示「眾裡尋他，此酒甚合吾意」。酒侍於是施施然倒酒，一臉「尊駕真是行家」的表情。眉毛眼睛一來一往，比默片還好看。橫豎都得這麼表演，從沒見有人當真撂臉子說不滿意，也是一種西式禮儀吧。

朋友間的歡飲，要自在得多。阿平的暖房派對上，開出一溜的紅酒供大家暢飲，試了幾支，覺得某一款特別心儀，一個人對著夕陽下還荒蕪著的園子斟酌了幾杯。只聽得阿平在吧台邊慘叫一聲：我怎麼對你們那麼好啊！原來這個小氣的人，錯把珍藏拿出來饗客——八六年的拉菲。大家過來搶，我則有點得意，早已獨享了小半瓶。

好酒就是這樣，你可以不認識她，但絕不會錯過她，於萬千人海中一眼就能辨認，根本不用過盡千帆，只因實在出眾。

我很少沾酒，因為容易臉紅，白酒更是不敢碰。那次聚餐，有人帶了一瓶白酒，最普通的那種綠色燒酒瓶子，貼歪了的酒標上「玫瑰汾酒」四個字。甫入酒盅，清香即如一只手伸出來，要拉你入懷。輕抿一口，甘洌醇香，美豔不可方物，席間一人只輪到兩巡，真是霎那芳華。後來才知道，玫瑰汾盛譽一直不在茅臺之下，而這個版本的二十八度玫瑰汾早已成絕唱。第一次體會酒無法盡興的悵然。

對於我來講，可以暢飲的大概只有崇明的老白酒，名字叫老白酒，其實是農人自釀的糯米酒，只比甜酒釀汁酒意濃一丁點而已，酒色乳白，用褐色的陶盞盛著，如深山裡的濃霧。我戀它酸甜和順易入口，往往不知不覺就貪杯了。切一盤崇明羊糕，配點豆腐乾、花生米，在深夜裡一部接一部地看老片子，享受舊時光影與農家新釀雙重的微醺。

在盛產啤酒的捷克旅行，羨慕歐洲的男女老少大杯暢飲的豪情，炎夏裡好像沒有比一大杯冰凍啤酒更痛快解渴的了。愛美食而不擅飲酒本已是一件遺憾的事，在那樣的情境裡不灌上幾杯簡直形同異類。卻沒想到我這樣的也有福音，捷克的無酒精啤酒有啤酒之美味而全無醉酒之虞。配烤豬蹄來一杯，配燉鴨子來一杯，小憩來一杯，泡溫泉來一杯，不亦樂乎。恍惚以為自己也是海量，卻被酒量奇佳的旅伴笑我自欺欺人。

噯，我本來就說，我是不擅飲的呀！

冰糖羊肉

冬至。

北方人說：冬至大過年，當一個重要的節日來過，隆而重之包點羊肉餃子改善伙食。上海人過冬至也是講究的，有俗語：有吃吃一夜，嚒（滬語：沒）吃凍一夜。可見冬至過得好不好，吃的數量與品質是重要指標。雞湯、蹄膀、河鰻、甲魚、羊肉、桂圓、紅棗、人參、阿膠，都是冬至那天應景的吃食。

我家每年冬至總歸要吃點羊肉的，有時是煨羊肉湯，有時簡單點，點個暖鍋涮羊肉。最多的是燒一大鍋紅燒冰糖羊肉。

羊肉燒起來容易縮，買個兩三斤羊肉燒出來不過一點點。以前初當家的新嫂嫂叫娘姨買羊肉，等菜上了桌，總要懷疑是被苛扣了斤兩。這情節多次被寫進通俗電視劇裡。其實牛羊肉燒起來確實是縮水很厲害的，這是生活常識，切勿冤枉無辜。至於縮率是多少，全憑經驗，不同的部位，不同的季節，不同的燒法都不太一樣。

冷氣羊肉燒出來，縮得更厲害，且口感差，肉香都已經散了。在我看來，真是屬於情願「嚥吃凍一夜」也不能買來吃的東西。所以羊肉一定要吃熱氣的，就是宰殺後沒有經過冷凍的羊肉。熱氣羊肉相比冷氣的要貴一倍多。

買一隻羊腿，請攤主幫忙斬成連皮帶油的中等肉塊。北方人不吃帶皮羊肉，北方寒冷，羊皮是要留著做襖子穿的。所以，雖然北方的羊肉普遍比南方的香且鮮且嫩且肥，但因為不帶皮燒，沒有膠質，那湯汁就只是水水的，稠不起來。加之北方菜不擅用糖，紅燒菜餚只紅不亮，色面上先輸了一籌，肉的口感自然也枯澀一些。其實，羊皮是紅燒羊肉的精華，膠質豐富，帶一點點皮下脂肪，柔膩，豐腴，入口即化。

羊肉洗淨，加水高過羊肉寸許，放入蔥結、大塊生薑、花雕適量，細火慢燉至八分，加醬油或者老抽，充分入味。糖要最後收汁的時候放，先放容易黏底。六、七斤一隻羊腿，要加一兩到一兩半的糖。一般人單加冰糖，我則是一半冰糖，一半麥芽糖。麥芽糖現在可不容易買，買點蘇州采芝齋清粽子糖也一樣。加了麥芽糖，這羊肉便甜得複雜了，香得非常特別。裝羊肉的碗一定要用事先燙熱的厚瓷碗，須深且大，砂鍋更好，以最大限度地保持熱度。有餐館為了賣相用盤子裝紅燒羊肉，那真是洋盤了（滬語：外行）。趁熱加一把切得細細的青蒜。寒夜的燈下一碗紅亮亮羊肉，頂著一撮碧綠的青蒜末，未動筷，已經暖入四肢百骸。

本幫的紅燒冰糖羊肉吃起來確實是很甜的，嗜甜的蘇錫兩地之外，很多外地人吃不慣。但上海人覺得紅燒羊肉不甜不成菜。而上海菜裡面，肉類燒成甜口味的還有幾道，如蜜汁火方、桂圓冰糖蹄。

蜜汁火方現在很少有餐館做得像樣了。冰糖桂圓蹄大部分人更是聞所未聞。用豬前蹄膀一隻，小火吊三小時左右，加入花雕、桂圓、冰糖煨至皮酥肉爛。要求自始至終爐火極小，湯麵上只是微泛漣漪，這樣吊出來的湯，清澈見底。看到此，大概有人覺得匪夷所思，這蹄膀燒成甜湯，如何吃得？其實這湯剛燒出來，味極甘美可口，因是豬前蹄，也並不太油膩。對身體虛寒的人是很好的一味食補湯水。但最好是趁人多的時候當天燒當天一人一小碗吃完。隔一日再回鍋，湯就混了，散碎油脂懸浮在湯裡，看看也沒胃口。

冬至夜，從臨街的窗戶看出去，行人稀少，走著的，也都是行色匆匆，彷彿知道哪裡有光與暖正等著。剛吃過冰糖羊肉的嘴唇有點黏，桂圓蓮子銀耳羹已經在爐子上燉著了。我在光與暖的裡面。

菜單

雞油菜心、蝦皮火腿冬菇煨白菜、酒蒸老蟶、燕菜鯽魚湯、梅干菜紅燒肉。忙累交加，很久沒好好做飯。今日的紅燒肉是用心了。甜點是梨和糖漬的山楂。

牛肉清湯

外公是從來不進灶披間的，寧波人說：男做女工，愈做愈窮。男人不碰洗衣做飯的工夫，犯忌的。

一個傍晚，外公從門外深秋的寒雨中返家，廚房汩汩傳出的牛肉湯味，燻得整個客廳肉香逼人。外公沒有像往常一樣，換上皮拖鞋，喝一壺龍井，翻翻當天的申報紙等開夜飯，而是被牛肉湯的香味吸引著，徑直走向廚房。卻只見，廚娘端著一碗牛肉湯喝得渾然忘我，及至抬頭看到外公，嘴裡含著一大塊滾燙酥軟牛肉真是吐也不是，嚥也不得，主僕均尷尬至極。

廚師偷喝頭啖湯大概不算祕密。說起這段趣事，外公每每笑著補一句：那碗牛肉湯燉得真是好，噴香，連伊自己也摒不牢（滬語：忍不住）偷吃。

英國人最迷信用牛菲力和幾種香料蒸出來的一盞牛肉清湯，湯色如茶，不見一粒油星，叫做Beef Tea。○○七系列中，當詹姆士・龐德在俄國境內「離芬蘭邊境東邊十到十五公里」處某苦寒之地的地堡裡甦醒過來，護士遞給他一杯熱氣騰騰的牛肉茶，「就像一支樂曲勾起久已遺忘的記憶一樣，龐德想起了久已遺忘的童年：學校隔離病房裡的潔淨氣味，家鄉在冬天裡發生的幾次流行性感冒」。那時的英國人，大概生病的孩子最有資格喝牛肉茶補身子，才會讓龐德產生這樣的味覺聯想。

法國人的牛肉茶是低溫燉煮出來的，要更考究一些，像中國人吊高湯，其間不斷撇去浮沫，最後還要投入牛肉泥、雞肉泥、蛋清、蛋殼粉吸附哪怕最細小的一粒雜質。吊出的湯不僅無油，無雜質，清澈得往湯底沉一枚法郎，可以讀出鑄造年份。法國著名的洋蔥湯，你道真是洋蔥煮湯嗎？洋蔥湯是要用這樣的牛肉湯打底的，一如四川的開水白菜，工夫全在高湯裡。據說法國皇后瑪麗・安托瓦內特上斷頭臺前的最後一餐，吃的就是牛肉茶。

用耳杯盛著的牛肉茶，標配是兩塊蘇打餅乾。牛肉茶是可以端著湯杯的兩個「耳朵」喝的，用勺子反而淋漓。

西餐到了上海人手裡，總歸是要進行一番海派改良的。從前上海大廈能做原版牛肉茶，終因乏人欣賞，漸漸失傳。傳到尋常百姓家，又要走點樣。上海人可不介意湯裡有油，有油更討好。比如雞湯，西方人必定要撇去了雞油。表姐在加拿大生活十年學會這洋毛病，被大家嗤之以鼻，弄不懂雞湯沒油還有啥喝頭。

我燒牛肉清湯，亦喜用夾筋夾油的牛腩。牛腩切稍大的塊，出一潽水，將血沫沖洗乾淨。

加洋蔥、西芹、白胡椒、胡蘿蔔、百里香和香葉，保持不能沸騰，用極小的火慢慢煨上兩個小時。雖用帶油牛腩，這佐料還是依足了西式規矩的。西芹、白胡椒、洋蔥祛肉腥，胡蘿蔔增加適度甜味。

最神奇的是香葉，就是月桂樹的葉子。對，桂冠詩人頭上戴的就是這種樹葉繞成的花冠，凡夫俗子拿它煮菜，加小小一片即如有神助，散發獨特濃郁香味。記得小時候愛吃一種梅林廠出品的燜肉罐頭，每只罐頭裡都會有這樣一片香葉，和龐德記憶中的童年味道一定有點相似。

煮至牛腩酥而未爛，可撈出一些，剩餘煨至精華盡出，和各種湯渣一同濾出棄之。配一根新出爐的法棍吧，烘焙麥香襯出牛肉清湯的至真至純。即使你從未有過異鄉的記憶，也會從此有了鄉愁般的眷念。

菜單

日式焙煎芝麻沙拉汁拌小梗菠菜、牛肉清湯，烘法棍蒜蓉玫瑰鹽或檸檬橄欖油。這一餐，像極了今日突然回暖的好天氣。

「吃湯糰還是吃元宵」

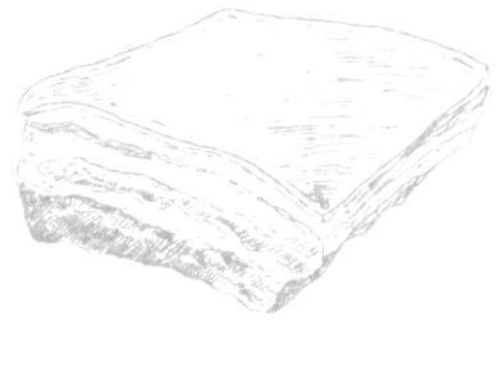

湯糰和元宵嚴格講不是同一種東西，製作方法上有很大不同。元宵屬於北派，將拌好的餡料切成一公分多的骰子丁，黏濕後放在盛了乾糯米粉的扁籮裡搖晃，搖啊晃的就成了元宵，北方人叫搖元宵。

湯糰——我指的是南派湯糰的傑出代表「寧波豬油湯糰」——可要複雜得多。在我小時候湯糰很少有買現成的，水磨粉、黑洋酥都要自家做。磨水磨粉的大石磨總是一條弄堂大家借了用的，你家上午，我家下午，晚上又傳到他家，永遠弄不清誰是石磨的主人。協助媽媽磨水磨粉是我最喜歡的工作之一，小人推磨推不太動，我就負責加糯米和水。糯米已經浸過一夜，微微有些漲起，一小勺糯米加進去，磨了幾圈，媽媽就會命令道：好加水來！我再加一小勺水，雪白的米漿立刻帶著糯米的清香從上下兩盤磨中間源源湧出，成就感大得嚇煞人。

糯米漿用愈洗愈白的龍頭細布口袋裝好，吊置一個晚上沉澱瀝乾，要吃時掰一塊下來，就可以做湯糰了。這袋水磨粉以後要一直在水中浸泡著，並且每天換水，否則就要酸掉，就不能用了。現在超市裡有賣現成的糯米粉，現成的水磨粉到底不太見到，就是因為保存困難。

我想用糯米粉加水和成的湯糰皮和水磨粉還是有很大差別的，因為糯米加水研磨及浸泡的過程，類似麵筋的製作，糯米中本來就較少的澱粉被洗掉了，這樣的糯米粉製成的湯糰皮更加潤滑，也更有彈性和韌性，煮熟後即使用筷子夾起來，它會呈水滴狀地懸垂，但不會破損。地道的水磨粉湯糰煮熟後，鍋裡的水還是很清的，說明工藝過關。而煮元宵的水一定已經混了，而且煮熟的元宵外面一圈總是毛糊糊的，我猜是因為搖上去的糯米粉不夠緊緻，並且含有一定的澱粉，在燒煮過程中化了的緣故。

豬油黑洋酥用當年新芝麻，考究的人家芝麻一定是舂出來的，磨的就粒頭太粗了。上好的豬板油，拉乾淨網筋，將舂好的黑芝麻和綿白糖一點點均勻地揉進豬板油裡，一邊揉著，滿房間就都是豬油芝麻的甜香……

從前的寧波湯糰小，餡心也就龍眼核大，而皮也只有三、四公釐厚，煮好的湯糰，皮如羊脂，隱約能映出餡子的青黑色，盛在深色粗陶的碗裡十分相宜。

現在超市裡各種品牌的湯糰元宵很多，但絕大部分是用元宵的工藝炮製的，而且是用機器搖的。商家絞盡腦汁開發出的機搖元宵有的味亦不惡，如綠茶湯糰；有的就有點匪夷所思，如碳燒巧克力湯糰和草莓湯糰。正宗的寧波豬油湯糰倒沒有一家做得像樣了。

菜單

小內番茄湯、青辣椒木耳炒素雞、清蒸多寶魚、響油鱔絲，有新上市的嫩菱，青青澀澀的，勾薄芡炒炒毛豆子，不下飯，不下酒，只有秋意。

咖啡館

從小喝慣咖啡，因為家父喜歡。即使在魚肉糧油都要憑票配給的年代，食品二店還是偶有供應散裝的咖啡粉，咖啡豆就沒得賣了，因為大部分人家的手磨咖啡機老早被破了四舊。家裡那把錫製的咖啡壺倒還在，蓋子上一只玻璃球，沸騰中的咖啡在玻璃球裡潑落潑落地跳舞，可以根據咖啡的顏色，判斷烹煮的程度。玻璃球破了一次，去淮國舊[註9]配來一只一式一樣的。沸騰的咖啡繼續在玻璃球裡跳舞。

也有賣罐頭裝的雲南咖啡，香是香的，香得不遠，還有較重的酸味，不過比沒得喝強些。有時候，難免什麼咖啡都斷檔了，只好用一種叫咖啡茶的即溶製品過癮。那是包著一層薄紙，有兩只麻將大小的糖塊兒，用開水衝開，有一股咖啡渣的淡焦香。

西餐館、西點店裡始終有咖啡供應的。不過一九八〇年代初，舊時的繁花皆已落盡，新枝未綻，上海的正經賣咖啡的店，已經剩不下幾家了。大學時在城市的最北端住讀，旁邊都是農田，覺得一週六天做了鄉下人。週末回家，次日一早必定打扮妥當，約女友在家對面的老大昌喝咖啡。

老大昌做法式點心。我和女友皆鍾愛老大昌的拿破崙、黑森林和摜奶油。兩個毫無心事的女孩子喝咖啡，其實是拿咖啡過點心，拿破崙的輕盈酥香，奶油的甜蜜肥厚，我們覺得與一杯清咖啡是天作之合。如果點了黑森林，我會往咖啡裡加極多的牛奶，像現在說的拿鐵。冬天的陽光從寬大的窗子照進來，照得老大昌二樓棕色皮面子的火車座也像一塊咖啡蛋糕。

爸爸的咖啡老友，痛恨有人拿他現烹的咖啡配花俏的鹹甜點心。在他門窗緊閉的客廳裡，咖啡香味一絲也不允許被浪費，咖啡是味覺裡唯一的主角，最多搭一片烤熱的法棍抹無鹽奶油，或者一種甜味淡若游絲的清蛋糕。

慢慢懂得專注欣賞咖啡的純粹之味，情願多跑一點路去南京路的東海咖啡館。走到東海門口，招牌現煮小壺咖啡新鮮溫暖的香味把你迎進去。木格子窗框，抽紗白桌布，黃昏時分，桌子上點起一盞檯燈，咖啡杯碟是那種淺綠色的玻璃器，有一楞一楞的花紋，像蓮的果實。王家衛在《花樣年華》裡，給男女主角用的也是這樣的咖啡杯。鏡頭裡重見，我在心裡輕輕一聲：噫，正是這樣的呢……只喝一杯清咖，奶盅裡的煉乳、糖缸裡的方糖都不曾動。出門，依舊是那小壺咖啡新鮮溫暖的香味把你送入南京路的霓虹裡。

那時若有外地來的朋友去外灘，總帶他們去老和平飯店裡的咖啡座歇腳。在飯店大堂隱蔽的一角，四、五張小圓臺子，圍著老式的沙發，安靜得像不存在一樣，連住客都未必知道。咖啡很好，十幾年只這一種，給朋友加一客飯店西點房新烘的奶油水果蛋糕，比市售的考究太多。我只喝一杯清咖。隔了幾重門，老年爵士樂隊在奏著一支熟悉的曲子。

註9：中國國營舊貨商店第一家開設在淮海中路、重慶路口的淮海路，簡稱淮國舊，一九五〇年代初發展成上海最大的買賣和寄售舊貨商店。

輯肆

海洋鮮饌

蒜蓉開片蝦

蝦很容易熟，但一煮過頭蝦肉內蛋白質又很容易凝結變老，沒有了彈性。故一般做蝦都採用高溫快熟的方法，比如炒蝦仁、鹽水蝦、白灼蝦、桑拿蝦、開片蝦等，要不然就乾脆做成鹽烤蝦、油爆蝦，令蝦肉緊緻，是另一個極端的風味，少有中間路線。油燜大明蝦、焗龍蝦等大型蝦又是另一類做法。

活基圍蝦或青蝦做開片蝦都合適。開片就是從蝦的背部用刀把蝦對剖開，蝦肉剖成薄薄兩片，更易快熟兼入味。做菜的人少不得有被刀傷了手的經驗，我也不例外，看到刀會怕，所以刀功也很勉強，不用時總是把刀扔得八丈遠才安心。蝦背很滑，活蝦說不定還一跳一跳地搗蛋，用刀剖蝦時手上一個吃不準力道，就很容易被傷到。我的辦法是先用剪刀從蝦頭下方將蝦殼剪開，再平平按住蝦，用一把小水果刀對剖，剖開蝦肉。麻煩是麻煩點，卻要安全得多。開片要開得透，只餘頭尾顫巍巍尚連。

準備兩個灶火，一個蒸鍋，一個油鍋，將大量蒜蓉在油鍋中煸香，加鹽少許。一邊蒸鍋水滾，切勿止沸，架上開好片的蝦，將滾熱的蒜蓉油均勻地淋在開片蝦上，立刻蓋上鍋蓋大火急蒸三分鐘，關火燜一分鐘出鍋，多一分鐘都使不得！這道菜的另一個關鍵就是油鍋與蒸鍋要銜接好，蒜蓉煸得正要變色，油正沸蒜正香時，蒸鍋正好水大開，所謂烈火烹油、鮮花著錦般用雙重的高溫快速逼熟蝦肉。

莫莫按我的方法做了這道菜，電話中直呼大功告成，非要親手做了謝師。不日果然來邀。我欣欣然赴約，等端上開片蝦一看，她居然將剖開的蝦肉那一面朝下趴在盆子裡，蒜蓉淋在蝦殼上，蝦肉浸在油湯裡。我像發現火星人一樣仰望著她，眼前已經浮現出此女烹飪事業之慘澹前景。

淋在蝦上的是蒜蓉油就是蒜蓉開片蝦，如果改成蔥油，就變成蔥油開片蝦；口味重的淋上豆豉辣油，就是辣豆豉開片蝦；如果先淋上清油，出鍋後再澆以蒜蓉番茄醬，那就是茄汁開片蝦；喜歡南洋口味的，加椰漿就是椰香開片蝦了……蝦的味道中庸，是一種可以百搭百變的食材，大家盡可自由發揮，但萬變不離其宗，刀法工序都是一樣的。

暴醃鱸魚

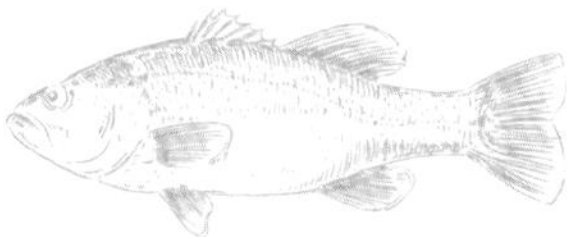

暴醃過的東西不太鹹，但能把食材本身的鮮味充分吊出來，暴醃帶魚、小黃魚或者叉扁魚（滬語：鯧魚）乾煎煎，暴醃肉、海鰻清蒸，暴醃小白菜炒炒百頁，暴醃蘿蔔等等都是很鮮口開胃的菜。

這兩天水產攤上的海產也像得了節後症候群一樣，都有點蔫頭耷腦，乾脆買了條便宜的鱸魚，回家做暴醃鱸魚。

活殺的鱸魚洗淨，在魚身上斜斜地剞上幾刀，可以深一點，但不要深得碰到龍骨，否則煎的時候就都斷開來，魚就沒賣相了。鹽、五香粉少許拌勻，均勻地塗在魚身上，剞過的刀口裡也要塗到；將魚掛在陰涼通風處暴醃三～四個小時，即可下鍋煎了。手腳快點的人，前期加工用不了幾分鐘。因為魚是活殺的，蔥薑料酒一點不需要，所以是道作料簡單、製作也簡單的菜。

我總是說：每道菜要做得到位，總有一兩個非常關鍵的步驟，或者規定動作，比如揚州獅子頭的細切粗斬，比如炒青菜最後放的半碗水，比如清蒸魚關火後的燜一分鐘。關鍵步驟不掌握，這道菜你永生永世燒不像的。這道暴醃鱸魚下鍋煎之前就有一個比較重要的動作，就是將魚身上殘留的五香粉輕輕擦去。五香粉不像鹽，會完全滲透到魚肉裡，那些殘留魚身表面的粉末在高溫煎炸時一焦就發苦，不僅破壞口味，斑駁的焦痕也影響美觀。

鱸魚是河魚，味道不及海魚鮮，所以暴醃時加點五香粉，使味覺豐富。如果道地點，再調個碧碧綠橄欖油香菜泥，吃時蘸一點，或直接淋在煎至金黃的魚身上，就算有人客，也是道不算失禮的小菜了。

菜單

乾煎暴醃鱸魚、白切蹄膀、香菇木耳青椒炒素腸、開洋肉末油燜落蘇，再吃一次米莧吧，夏天要過去了。今天沒有湯，做了簡單的番薯糖水。

醬油河蝦

老友記都知道，來我家好茶常有，還會備下各人心水的茶盞，但話梅、芒果、牛肉乾之類的從來欠奉。因為不小心觀摩過蜜餞製作的廠家，視覺震撼到幾乎做下病來，從此便很少碰這些。

閒時嘴裡淡出鳥來，我自有我的私房零食。夏天糟一盆鳳爪和毛豆；冬日裡蒸一段鰻鯗或者醬油肉；高興起來炸兩塊大排，煮半隻白斬雞吃吃，也是平常事。實在懶，胡亂蒸個開洋蛋羹，都比市售的零食強。

每年五月起，河裡有蝦初長成，至七、八月間帶子，味至美。帶子河蝦燒熟後，腹部晶瑩的蝦子和滿滿的蝦腦變成美麗的珊瑚紅。好脾氣的蘇州人耐心濾出蝦子，剔出蝦腦，剝出蝦仁，蝦殼熬湯，做成傳奇般的三蝦麵，私以為是河蝦色香味的最高表現形式。而這段時間裡，我的零食自然就常常是帶子河蝦，隔日買上四、五兩，或鹽水或油爆，配午後的釅茶，夜深的薄酒。

鹽水河蝦屬傻人菜，甚至都算不上一道菜。河蝦洗淨，連鬚也不用剪，下到滾開的蔥薑鹽水裡焯一下即可。江南小鎮上，沿河的居民在河蝦應市的季節，輕易就能在家門口的河道裡撈上許多，汆鹽水，一大盆一大盆的擺在門口賣，是給觀光客平添遊興的輕食。

油爆蝦則可以有很多變化，傳統佐料中醬油酌減，加入果珍或陳皮，可以做成酸甜適口的果珍油爆蝦和陳皮油爆蝦，我怎麼看也仍是零食的路子，不像下飯的小菜。做油爆蝦必須剪鬚，蝦頭下斜斜的一刀，一定要剪得整齊劃一，滋味姑且不論，蝦鬚剪得漂亮至少擺盤可得個碰頭彩。又因有過油、入味、收汁三道工序，天熱做油爆蝦頗費周章。我最常做與最喜歡的，還是介於兩者之間的醬油河蝦。

醬油、老抽、水各一份，根據口味加適量的糖，稍許蔥薑末，配成調味料。如果打算做醬油河蝦，出門採購前宜先將調味料擱好，如等河蝦買回來再慢慢做，調味料辦妥，活蹦亂跳的河蝦大半沒了聲息，豈不可惜。這是廚房統籌學重要的一課。帶子河蝦六兩左右洗淨，量太多了家庭製作不易掌握。起大油鍋，油要足夠多，至油初起輕煙，倒入河蝦，用笊籬輕劃幾圈，蝦很快變紅，撒蔥段、細薑絲，立刻出鍋，轉手倒入調味料中即成菜。

醬油河蝦之味比鹽水河蝦更有層次感，比油爆蝦則舒展簡約。這種做法其實類似「熗」，比蘸深，比泡淺，依靠加熱過的食材和調味料間的溫差瞬間完成調味，是滋味深入與原味保持之間中庸的道路。可以應用於所有較小的活蝦，也可以依此炮製醬油鱔絲，醬油魚片。海瓜子、蛤蜊、小的螺類都適用此法，只是貝殼類水分多，要加一出水的步驟。

廚藝的摸索與變通，有時跬步積萬里，有時四兩撥千斤，有時靠點撥，有時靠頓悟，樂趣盡在其中。

菜單

紅燒條蝦、薑絲菠菜、油燜雜菇、燕皮餛飩湯。朋友送的燕皮，市面上難覓純正燕皮了。點心，當然是月餅。

苔條花生米

有人說請吃海鮮，首先想到的大概總是龍蝦、扇貝、帝王蟹。次一點，也要有海參、魷魚、基圍蝦吧。要是這人遞給你一根苔條[註10]脆麻花……

你不能不承認苔條也是海鮮，雖然有人會認為它層次不高。但食物的本意是滋養生命，最是世法平等，何來高低貴賤之分。

喜歡一切有苔條參與其中的食物。記憶最深的是小時候，一條弄堂裡的小朋友從蘇州帶回來一大包苔條味的蘇打餅乾。往裝餅乾的紙袋裡望一眼，已經聞到苔條香。小朋友小心翼翼拈出綠茵茵的兩片，及遞到我手中，還是抽出一片塞回自己的嘴巴。孩童式的慳吝與苔條蘇打餅乾鮮香酥脆的滋味，在我心中烙下雙重印記。

家父最常跟我提及的吃食是苔條麵拖小黃魚。從前各種油炸小黃魚在街邊當零食小點那樣現炸現賣。父親小時候讀書，由司機開車接放學，和幼弟一道坐在車裡捧著油紙袋，熱騰騰的苔條小黃魚一路吃回家。摻了苔條的麵皮炸得噴香，裹著黃魚的蒜瓣肉，玉一般滑，好像噙也噙不住。苔條小黃魚，在放學後饑餓的孩子的嘴裡是怎樣的美味，大概是不難想見的。

苔條小黃魚是寧波名菜，甬菜十大名菜裡，就有這一味。榜單上另一道與苔條有關的，是苔條小方烤。玫瑰腐乳燜肉加上撒了白糖的油炸苔條。紅綠輝映如畫，滋味鮮甜交錯，口感脆糯夾雜，看似隨意而為的搭配，卻是神來之筆。好奇怪現在的餐館，挖空心思去發明什麼fushion菜、意境菜搏眼球，不如把苔條小方烤這樣的經典認真燒出來，已經是功德。

苔條做配菜，終覺不過癮，我最愛的是苔條花生米。香香的油炸花生米，配上鹹鮮酥脆的苔條，過飯，下酒，皆是恩物。撒點綿白糖，調整一下鹹味的凌厲，又可以當作很好的茶食。

不過苔條花生米看似簡單易行，卻是很考廚師火候的菜。

生的苔條是亂髮樣的一束，糾結著，要仔仔細細拆鬆，才能充分均勻地吃透油。一邊拆，順便挑出混在苔條裡的小小貝殼。品質愈好的苔條，愈少雜質。將苔條剪成寸金段待用。

上海人炸花生米叫「氽」。首先要用冷油，如果熱油下鍋，花生衣首先焦苦，色黑沒有賣相。其次一路小火，要保證油鍋內始終沒有動靜，待花生微微變色，撥動時有乾燥的聲響，即可盛出。

鍋裡的熱油馬上要用來炸苔條。但必須先熄火，將鍋端離熱灶——這是炸苔條最最關鍵的步驟，哪怕最小的火，或者仍然熾熱的灶台溫度，也很容易就炙焦了苔條。苔條一旦炸焦，顏色變為難看的褐色，口味即發苦不堪食。炸花生，要有耐心，炸苔條就要手腳麻利。利用油鍋的餘溫，兜底快速翻勻蓬鬆的苔條。苔條變成沉穩美麗的墨綠色，暗暗泛著均勻的油光，一瞬間工夫，已經熟了。

好苔條並不多見。一次在中山公園正門口的梧桐下，看到一個老頭守著一麻袋苔條賣，濃綠的苔條觸手乾燥，沒有一絲雜質。聞一聞，香氣如漲潮的大海一樣迎來。趕忙買下許多，苔條含海鹽，久貯不壞，這一些，可吃上半年無憂。有趣的是，老人家怕我年輕不諳廚事，臨走時還用寧波話再三關照：莫忘記！炸苔條要關火啊！鑊子一定要搭開熱灶頭啊！

註10：海苔沏成細條即為苔條。

菜單

蜜汁小素雞、苔條花生米、雞毛菜香菇肉大餛飩。第一次用管家的餛飩皮子。吃了八只餛飩，例牌煮了幾張餛飩皮，皮子半透明，滑得像上等絲綢，在撒了小蔥、胡椒和豬油的湯水裡千回百轉……

釀蛤蜊

釀蛤蜊的做法師從田螺塞肉。螺肉粗硬，不論淡水螺、海水螺皆如此，田螺因生長在田間，還有濃重的土腥氣。田螺塞肉是將螺肉剔出，剁碎，拌以豬肉肉末，填回螺殼中同煮，借點豬肉的鮮味與油脂改善口感。南方夏日的夜市攤檔最常見此一味，拿來過過冰鎮啤酒，是道愜意的下酒菜。上海有句俗語：三隻手（指）捏田螺——篤悠悠，雖意不在此，我卻覺可以充分表達吃田螺時的隨意與暢快。但此菜終究粗疏，格調不高，難登大雅之堂。

蛤蜊肉質細膩、鮮美，價廉，又四季可得，可以做很多款家常菜。做釀蛤蜊要選大一些的蛤蜊。到底多大？成年人將食指與拇指環起來比劃一下，就是適當的大小。蛤蜊殼帶青色的肉較嫩而鮮，不知道是什麼緣故。現在水產攤上買回來的貝類，多已吐淨了泥沙，不過回來最好還是放點鹽養一養。用小牙刷將蛤蜊外殼逐個洗淨。

蛤蜊置於淺盆內，撒蔥末薑絲，噴料酒，海蛤蜊本身有鹹味，不用加鹽。進微波爐高火加熱，聽到爐內窸窣做響，蛤蜊殼個個微張，即可停止。剔出蛤蜊肉，剁碎，不要剁得太細，太細沒有嚼頭。肉末倒是可以剁得細一點，粗了難以襯托蛤蜊肉的口感。蛤蜊與肉末的比例以六比四為宜。蛤蜊肉與肉末另加蔥薑細末與料酒，此時可加一些細鹽，適量芡粉拌勻，逐一填回半片蛤蜊殼中。

然後我們需要一節紅腸。說來也奇怪，我小時候，淮海路上任何一家熟食店都出品優質的紅腸，一鍋鄉下濃湯全靠幾片紅腸提出獨特香味，新出爐的小羅宋麵包裡，夾上兩片紅腸更是美味無比的春遊午餐。如今，每家超市倒都有滿滿一櫃檯的各類紅腸，可恨全是一股麵粉味與人造的肉感。這種和尚吃得，尼姑也吃得的「奸商牌紅腸」殊不可取。只好退而求其次，買一節哈爾濱秋林或者肉聯的燻腸，差可應付。

將紅腸切片，稍薄，改刀成小小的菱形指甲片，菱形的一條邊上留一點鮮豔的腸衣，將之斜簽在蛤蜊肉末上，既是借點紅腸特殊香味，也是增加色形的美觀。如此在平盤中將釀好的蛤蜊碼齊，上籠中火蒸十分鐘左右即可。出鍋後，再在每個釀蛤蜊上貼一片嫩綠的香菜葉，是為色香的點睛之筆。

釀蛤蜊確要比田螺塞肉細巧得多，但招待客人，每位輪上一兩個也就足可回味了。任何東西無限量供應，終歸是無趣的。

魚生

梧桐如蓋的小馬路上，一前一後開出了兩家壽司屋。是那種從屋裡向沿街開個窗，食客可以在半個手臂寬的窗臺外坐下，吃一只手卷、兩只魚生[註11]的那種小鋪子。

總是在一個人不知道吃什麼，胃口也不那麼好的時候，經過這樣的鋪子，噯，那麼就坐下來吃點什麼吧。檯子上放著綠芥末、醬油和糖漬生薑。也會奉一杯淡淡的大麥茶，焦香解渴。我看一會兒操作間裡那個男孩子，雖然十分年輕，手勢倒也老練。不聲不響的，各人點的堂吃、外賣一樣樣有條不紊地送出來。

小店也賣芒果鮪魚卷、加了肉鬆菜絲的辣卷和不知所云的多情卷。這種壽司長相豔麗、口味戲劇性地豐富，醬汁淋漓，叫做加州壽司，本來就是美國人發明的果腹貨色，哪裡是日本人可能做得出來的樣子。

我的玉子握手卷和醋鯖魚魚生也來了，手卷端正地盛在茶色的粗陶碟子上，鯖魚魚生還做了簡單的擺盤。怎麼看都是竹內棲鳳水墨小品的調調。一切都是規矩而乾淨的。小陽春的天氣，陽光從大張的梧桐葉子間篩下來，變成一只只亮亮的銀元，落得到處都是。一旁的男子專注地吃著一份炸豬排蓋飯，因為是這樣簡靜的周遭，他把那份炸豬排飯吃得文雅極了，一小口一小口的，好像是在品嘗一道河豚刺身。

吃日本的河豚刺身，最好只蘸橙醋，配一點蘿蔔泥平衡口感，全心地體會河豚自身的清鮮雋永。停箸飲一口吟釀，隔著跡近透明的魚生，欣賞如蒙著面紗般盤底美麗的花紋。

順德人也吃魚生的。順德魚生用鮭魚，也多用河魚，比如鯇魚。河魚有泥腥味，要用清水養上好幾天才能享用。順德人片河魚魚生，和日本的河豚刺身一樣，片得極薄，鋪在寬大的盤子裡，排成仙鶴、海浪或者菊花的圖案。

不過順德的魚生可完全不是這麼個吃法。順德魚生會跟著上一、二十種配料：檸檬葉絲、炸米粉絲、炸芋絲、京蔥白、薑絲、蘿蔔絲、尖椒絲、指天椒、欖角碎、酸藠頭、生蒜片、花生碎、芝麻、白砂糖、白醋、花生油、鹽、胡椒粉。服務生以天女散花的手勢將配料一一撒在魚生上。吃這魚生務必要人多，大家齊齊動手用筷子抄著撈魚生，一邊大聲喊：「撈！」所以，吃順德魚生就叫撈魚生。直撈得風生水起，五世其昌。

好吃嗎？也挺好吃的。我尤其喜歡炸芋絲在唇齒間輕輕斷裂的口感，欖角碎和花生混合成的複雜香味，醒目的醋和胡椒。倒是魚生的味道，變得模糊，芳蹤杳杳。

順德魚生這樣吃法也有他的道理，因為普通河魚的鮮味根本不及河豚之萬一，沒有這些佐料烘托，滋味勢必平凡。像我們大部分的日子，假如耐不得寂寞，總需要熱鬧的七大姑八大姨們努力幫襯著才有生機。而那些珍貴的時刻，那些短暫、危險、絢爛到永不重現的時刻，像河豚魚生，只適合獨自品嘗。

註11：生魚片。

雅舍菜譜之西湖醋魚

寫食文章，我最愛讀梁實秋的《雅舍談吃》。梁實秋出身官宦之家，家道殷實。祖籍浙江，落籍北平，父母都精於烹飪，又在海外留學生活多年，有相容中華南北飲饌之精，並蓄西洋風味的先天優勢。

梁實秋雖然在學術著作中引經據典，寫起小品文章，卻是一味樸實無華，極少掉書袋，更無生僻冷拗字眼冒跑出來嚇人。寫《核桃酪》、《瓦塊魚》是精到而不刁鑽，能窺佳餚堂奧而不賣弄；寫《韭菜簍》從販夫走卒的韭菜餃子到東興樓的韭菜簍，雅俗共賞；而《酸梅湯》中，那段自製酸梅湯不得，反被信遠齋老闆搶白的趣事，閱之令人噴飯。活脫脫一儒雅饕客，實在好文字。

梁實秋在《雅舍談吃》裡常常提及他自創、嘗試或者改良的菜點。如，雞刨豆腐、菜包、溜黃菜、松枝烤肉、「簡易薄」（春餅）。是個美食的積極實踐者。《雅舍談吃》雖不是一本菜譜，但因他寫得生動有趣，也常令我產生按圖索驥的衝動。

《雅舍談吃》中的醋溜魚用的是草魚，但草魚肉厚，為快速汆透，必須將魚平剖成兩爿，一般人刀工不濟，操作很有點難度。我選用鯿魚代替，鯿魚魚身扁扁的，可以直接汆水。春天的鯿魚最為肥美，所謂「春鯿秋鯉」。魚肚上附著一層晶瑩的脂肪，肉質細嫩。買一條一斤二兩左右的洗淨備用。

準備薑茸一堆。薑是老的辣，但老薑吃起來有渣滓，口感欠佳；用子薑幼嫩有餘辛辣味不足。這西湖醋魚調味料極簡，薑是主要角色，馬虎不得，所以要選一塊稍老的子薑才能兩全。煮一鍋蔥薑水，一會兒汆鯿魚用，鯿魚是活殺的，不需要加料酒。另起一火頭，用米醋、極少量白糖和太白粉勾一個玻璃芡。這時，大鍋水已沸，投入鯿魚加蓋大火燜煮。一般這樣大小的鯿魚，三、五分鐘即已汆透。如果是透明的鍋蓋更好，看到鯿魚的腹鰭翹起，魚眼鼓出，即可出鍋。鯿魚裝盤，快速均勻地淋上芡汁，撒上嫩黃的薑茸上桌。

西湖樓外樓的醋魚上桌，還有個挑魚眼的小噱頭。就是將被醋汁覆蓋的魚眼挑出，與畫龍點睛異曲同工，讓食客看著覺得魚兒分外鮮活，增加食趣。

梁實秋寫的醋魚，以淡淡的薑醋味陪襯活魚肉的清鮮甘美，一派天然，強調少用醬油，不用蔥，更不能用糖。我也喜歡純用米醋勾芡，如果實在口重，也不要加醬油或鹽，可用鎮江香醋勾芡，只是芡汁透明度略差，色面不夠明快漂亮。糖可以加少許以蓋河魚的泥土氣，但千萬不能多，否則變成糖醋汁，失去醋溜之原意。

西湖醋魚至今仍是杭州名菜。但現在杭州西湖醋魚的做法和梁實秋描述的醋溜魚已大相徑庭。醬油的使用，大量的糖醋汁、蔥薑末已背離西湖醋魚澄淨淡遠之意境遠矣。

品這樣的西湖醋魚，呼朋引友，推杯換盞是不行的，而適合獨酌，獨酌也不必是酒，是一盞江南微雨的新茶。

生炒鱔絲

端午節一過，吃黃鱔的好時節到了。鱔魚菜的最高境界大概有兩款代表菜式，一是蘇式爆鱔，選材講究，工藝繁複，火候極難控制，一般人家無論如何調弄不來。奇的是上海的潔而精川菜館倒是能做這一味蘇州名餚，除口感稍稍有點枯、鮮味略遜外，很可以給個好分數。另一道，是我一個表外婆做的火腿鱔魚湯。餘生也晚，沒有吃到，但聽我媽媽、阿姨、舅舅以及無數的表哥表姐提起，據說湯色乳白，鮮美得難以形容。而且這外婆只是給鱔魚去血腸，擦滑涎，水裡略蕩一蕩便入鍋，波瀾不驚，便成就一鍋好湯。後生晚輩依樣畫葫蘆，卻沒有一個能做出同樣的味道來。這樣的妙手令人高山仰止，真所謂翹楚。

我懷疑那鱔魚湯有點昆山爊灶面的路數，自知功力有限，沒有嘗試過。也罷，至高境界達不到，生炒鱔絲、蒜子鱔筒煲之類總還是可以做做的。

炒鱔絲最容易，菜場裡買回來劃好的鱔絲，太粗的稍微改改刀，切成三、四公釐寬、一寸半長的鱔魚絲，用料酒、醬油、蔥末、蒜末、薑絲、芡粉拌勻，起大油鍋。炒鱔絲講究用「三油」，即炒製時要用一半豬油一半素油，出鍋後還要淋香油。油旺時，可先用一些蔥薑蒜爆香，推入調好的鱔絲，大火快速翻炒，加糖收汁，裝盆後撒上點胡椒粉。

看到這裡，大概有人躍躍欲試。且慢，我說過，任何一道菜要做得到位，總有一兩個非常關鍵的步驟，這訣竅不掌握，做出來的菜失之毫釐，謬之千里。生炒鱔絲要做得好，祕訣就是——和賣鱔魚的老闆夥計搞好關係！

看清楚，上段所說的，只是炒鱔絲，漏了至要緊一個「生」字。在菜場買鱔絲，總是由攤主幫你劃好了的，做生意的人講究效率，鱔魚燙得熟，劃絲就順手方便，這鱔絲已經是煮熟了，甚至過熟了的，再炒也是熟炒，「生」炒從何談起？完全燙熟的鱔絲鮮味已失大半，肉質呆板，味道又不能滲透入鱔魚深處，在醬料裡回回鍋而已，又「生」趣何在？我媽媽做生炒鱔絲，總是買活黃鱔，親自汆燙、劃絲。燙黃鱔，燙殺即止，是燙得極生的。用抹布抹淨滑涎，用鐵釘[註12]劃成均勻漂亮的鱔絲，然後按上面的步驟炒製，才叫做「生」炒鱔絲。

一般人大概沒有劃鱔絲的本事，要吃生炒鱔絲，可不就只能求助於鱔魚攤的老闆夥計。

鱔魚攤轉一圈，選個面善好相與的老闆，請他為你把鱔魚燙得生一點。要注意的是，做鱔絲的鱔魚粗細其實不講究，最細的和最粗的做出來，味道是一樣的，但是既然要額外煩勞人家，就不要太節省挑那最便宜的細鱔魚。選中等價位的，一來讓老闆多點賺頭，二來稍粗一些的也不容易燙透。

其次，要選老闆生意清淡、人客稀少的時候提出要求。鱔魚燙得生，劃起鱔絲來費時費力得多，為你一個嘴刁的客人，老闆可能要少做幾筆生意。再者，人人有樣學樣，老闆如何應付得來。其三，人家手腳不停在忙，你也該適時奉上幾句感謝、讚美，至少適量的微笑，也是「禮」所應當。其四，選定一個攤位，最好一個夏天都不要換，熟面孔，多少方便些。哪天，你只往攤邊一立，老闆即笑嘻嘻問：小阿妹，二十五元的來八條，啊是？你這鱔魚公關，算是基本到家了。

炒鱔絲和生炒鱔絲，滋味簡直雲泥。生炒鱔絲吃剩下油油的湯汁不要倒掉，隔天買一塊豆腐，加點蔥花煨一煨，也很好吃呢！

註12：用鐵釘而不用刀，是因為如果用刀，會將鱔魚骨頭一併劃斷，那鱔絲吃起來可就會連著細碎骨頭。

菜單

藕夾、蒜子鱔筒煲、蛤蜊豆腐湯、炒茼蒿、洋山芋炒辣青椒，洋山芋切條，不用水洗去澱粉，與青椒一起小火過油後加水焐得酥酥的，加一些蔥花。

大閘蟹季

看到過一張有趣的照片，舊上海一個穿著打滿補丁褲褂的半大孩子，在街邊一只小木桌邊吃大閘蟹。桌子蹺了腳，歪斜破舊，桌上的大閘蟹卻無比精神，隻隻足有半斤重，胡亂堆了一堆。孩子一臉的滿不在乎。可見當年的上海灘，吃幾隻肥美的大閘蟹，不算什麼了不得的好東西。

一九九〇年代早期，大閘蟹不知怎麼身價徒長。但不管怎麼貴法，到了蟹季，上海人還是要吃大閘蟹的。熟人打招呼，常常會有這樣的對白：「今年大閘蟹吃過了口伐？」「吃過兩趟了，實在太巨（滬語，太貴），意思意思算了。」不吃兩趟大閘蟹，這日子就差點意思了。上海人說的「吃過兩趟大閘蟹」，一定是指吃清蒸大閘蟹，什麼蟹粉豆腐、蟹粉小籠，即使是奢侈的蟹斗之類，都是不能算數的。

一隻大閘蟹能夠得到的最高禮遇和最好歸宿，無疑是清蒸後用手剝而食之。四兩左右的蟹，洗淨，紮緊，水開後蒸十五分鐘即可。最好是隨吃隨蒸，保證理想溫度。一次，朋友邀我去家中品嘗六兩重正宗陽澄湖大閘蟹，欣欣然前往，卻見十隻螃蟹已經在桌上等得半冷，而且朋友外行，怕螃蟹難熟，足足蒸了四十五分鐘。推不過盛情，勉強吃了一隻半，蒸過頭的蟹肉蛋白，加上配蟹的冰鎮白葡萄酒，胃裡像墜了一塊水泥。這樣的暴殄天物，是很壞的經驗。

配蟹的酒，非黃酒莫屬。加一點極細的薑絲，燙熱了，解螃蟹之寒。考究的，食後可以煮一點紫蘇，加紅糖喝一杯，也是解寒暖胃的意思。有人蒸螃蟹加紫蘇一起蒸，這是偷懶的法子，螃蟹有殼，這樣蒸不可能奏效。

配蟹的醋，非米醋莫屬。加薑米、糖和一點醬油。割料的順序很有講究，先切大量薑米，用糖漬一會兒，使薑的辛辣變得柔和而多層次，再加米醋，最後調入少量醬油提味。這是最正宗的蟹料。會不會吃蟹，看他會不會割料就知道。有人說，吃得出是否先用糖漬過的薑米的舌頭，已經廣陵散了。我覺得這哪算神技，舌頭稍微敏感點，就能體會。吃一流的美食，沒配二流的佐料的道理，這一點上，馬虎不得。

但有些考究就真是不必的了。比如現在飯店流行的蟹八件，刀、剪、錘、釬……鋪張開來很是唬人。其實，蟹蓋可以用來盛放蘸料，蟹肺可以擦淨身體縫隙裡殘留的泥沙，蟹腳腳尖可以捅出整條完整蟹腿肉，加上我們靈活的雙手和敏感的唇齒，全是天然的最佳吃蟹工具。

愜意的大閘蟹吃法——在自己家裡，和三五親朋，穿家居便服，於半飽之後，談市井八卦，配自割蟹料，薑絲黃酒三杯，紫蘇一壺，手揮目送，捉對雌雄。要我在酒店正襟危坐，用蟹八件吃大閘蟹，真還不如舊照片中街邊的貧民來得自在如神仙。

菜單

海禁開了，天也涼了，海產開始豐富又新鮮。清蒸活梭子蟹是吃著玩的，蔥薑煲活梭子蟹、雜菇干貝絲瓜湯、蒜蓉杭白菜、清炒杭椒，我喜歡杭椒文雅的辣氣。今天還是要再做一遍炒豬肝，不同的是加了大蔥。

紅燒划水

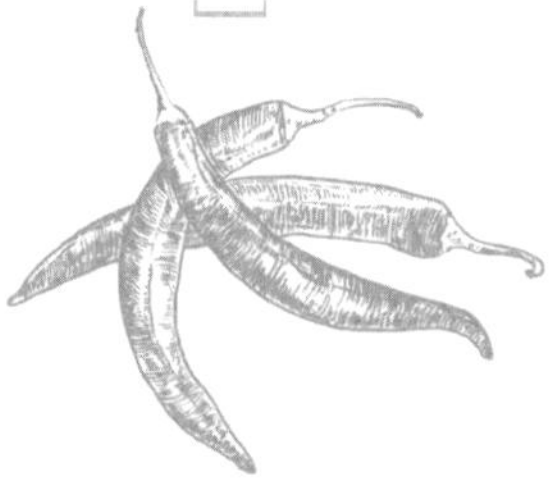

方言中，尋常事物常有個奇趣生動的稱呼，上海人把魚尾巴叫做「划水」，其實應該是「甩水」，此處甩字一定念作「划」或「滑」。一次在北京的上海菜館點菜，看到功能表上寫著紅燒甩水一味，才在猶豫，一旁跑堂的北京小夥子操著一口好聽的京片子字正腔圓來了一嗓子：您要來個紅燒甩（shuai）水嗎？我當場駭笑不已，倒弄得在座的北方朋友莫名其妙。

但也不是所有的魚尾都叫「划水」，好像只有大中型，並且是活殺的魚，尾巴才有資格稱為「划水」。沒人會把小躥條魚的尾巴叫做「划水」，又如帶魚之類出水就不能動彈的海魚，尾巴倒是頗具規模，但划也划不起來了，自然不能叫「划水」。

做紅燒划水，首選以螺螄、小河蝦為食物的青魚，取尾鰭至臍門處十公分左右一段。剪去背鰭，從魚背、魚肚兩側入刀，至中間斷開，剔除魚骨。兩爿魚肉各豎切兩三刀，于魚尾處相連，若干條魚肉打開呈一把扇骨狀，初成型已見匠心。切成這樣，並不純是形而上，青魚尾肉厚，非此刀法不易均勻熟透及入味。有人偏要偷懶，試著整條魚尾下鍋……那麼好吧，除非你把魚尾炸得外層焦枯，否則你家當天餐桌上會多一道「青魚刺身」——緊貼龍骨部位的魚肉一定還是生的哪！豎切也是為保持魚尾肉的纖維連貫，如果橫斷切開，於味道無大礙，可絲縷盡斷，魚骨瑣碎，口感就要差好多了。

先用醬油、蔥薑將魚尾裡外餵上一餵，讓魚肉略吃進味道。凡紅燒魚都可以此方法預製。覺得成菜顏色太深，講究色面的，可以用鹽代替醬油。如果是口味很淡的人，省了這一道，當然也是可以的，只是太淡的話，難免壓不住河魚的泥土氣。

起大油鍋，最好是能淹沒整條魚尾，家中鍋子不夠深的，可舀起沸油澆淋。生手勿用鏟刀翻弄，碰破魚皮事小，魚肉從尾巴上斷下一條來，可就一點賣相也沒有了。魚尾大火炸透盛出，另起油鍋，加適量豬油，投入切成指甲片的生薑與蔥段爆香，倒入生抽，待生抽在熱油中略沸，放入魚尾，加水、少量料酒，加蓋小火煮十分鐘左右，轉大火加糖收汁，一邊將汁水不停舀起淋在魚尾上。裝盆撒上蔥末，再淋一些麻油亦好。

紅燒划水可算是濃油赤醬上海菜的一個代表，青魚雖屬價廉的品種，如此精心調弄一番，也成了一道上檯面的菜式。

黃魚羹

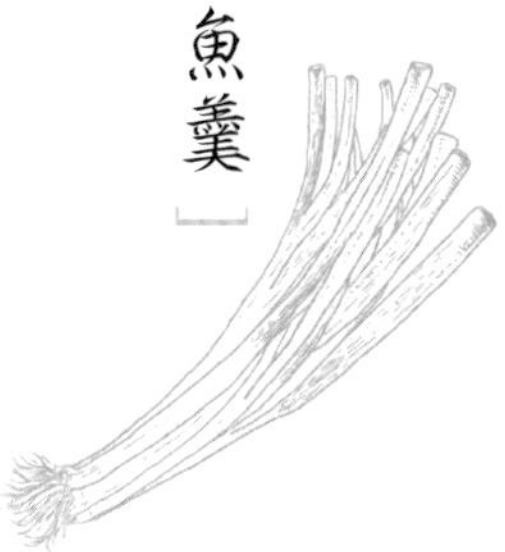

黃魚，分大黃魚、小黃魚兩種。好的東海野生大黃魚，一尺多身形修長勻亭，金光閃閃，神氣得很，所以老秤十兩的金條就叫做「大黃魚」。你如果見過舊時的金條，就會知道有多麼漂亮。黃魚肉夾起來一粒粒的，被形象地叫做蒜瓣肉。老的寧波方言裡用「肉頭飄」這個詞來形容黃魚蒜瓣肉口感的靈動鮮滑，一個「飄」字，相當傳神。

前年過年，表哥送來一條三千元人民幣的大黃魚孝敬家母，號稱東海野生。媽媽看一眼，也不跟小輩客氣，道：「野生黃魚哪能有格能滾滾壯個（滬語：這樣胖乎乎的），黃也黃得勿像24K金，最多18K金。現在野生大黃魚老百姓吃不著個，以後勿要再花格種冤枉銅鈿。」當場做了驗明正身，果然魚肉發暗，口感滯，鮮倒還鮮，「飄」是肯定沒「飄」起來。

大海中的野生黃魚長風萬里，與養殖黃魚大腹便便的氣質自然不同，比較過，便知兩者之間差別，不會被價格、品牌或者包裝催眠，人云亦云。

野生大黃魚吃不到了，野生的小黃魚還是有得吃的。老秤一兩的金條，叫做「小黃魚」。可見大、小黃魚主要是尺寸上的差別，鮮美則不相上下。南方的主婦，日子過得細巧。買到大黃魚，就精心鋪排做松鼠、大湯。買到小黃魚，就返璞歸真清蒸蒸、紅燒燒、乾煎煎。不巧買到手指長的小小黃魚，就粗菜細作，拿來拆黃魚羹吧。

小黃魚洗淨，去頭，加蔥薑、黃酒，上籠蒸至脫骨，去魚脊骨，仔細剔除腹部大刺，將魚肉拆成二公分左右柳葉條。蒸魚的湯汁濾淨待用。煮蔥薑水適量，加入魚肉、蒸魚湯汁，加鹽適量。打入雞蛋一個。這個雞蛋不用打得太賣力，只需用筷子攪散，蛋清蛋黃尚未充分融合即入沸湯，就能模擬出近似魚蝦蛋白特有的質感。做賽蟹粉，也是用的這般手法。最後勾芡成羹。

冬天做黃魚羹，要加切細的冬筍絲，融一勺豬油，是瓊枝玉樹；夏天做黃魚羹，換成加擇尖的米莧，淋幾滴麻油，是綠竹清溪。

吃黃魚羹一定要配醋，以米醋為佳，紅醋也好。和吃蝦仁配醋一樣，須先從料盞中挑一勺尖的醋，再去舀了魚羹來吃，果斷的手勢保證醋和碗裡魚羹不能相互玷染，高手是不會把醋直接加到魚羹裡吃的。其間在口味上到底有多大差別，不得而知，而往往正是這一些也許毫無意義的、充滿儀式感的小動作令人深深著迷，並且在不同的人之間，劃出界線。

阿平最喜歡我做的黃魚羹，家宴有他在，我必定做了款待。滿滿一大碗黃魚羹上桌，阿平彈眼落睛盯著一人先盛上一小碗，沒人敢多盛。剩下的，他理所當然霸到面前，一人包了圓，亦沒人敢跟他爭。終有一次，阿平讓碗底的一根小刺鯁了喉嚨，誰知他滿不在乎地說：人家為朋友兩肋插刀，我為朋友的黃魚羹，喉嚨裡可插兩根魚刺！捧場捧成這樣，百般歉疚的我，也不由得大笑起來。

鮁魚水餃

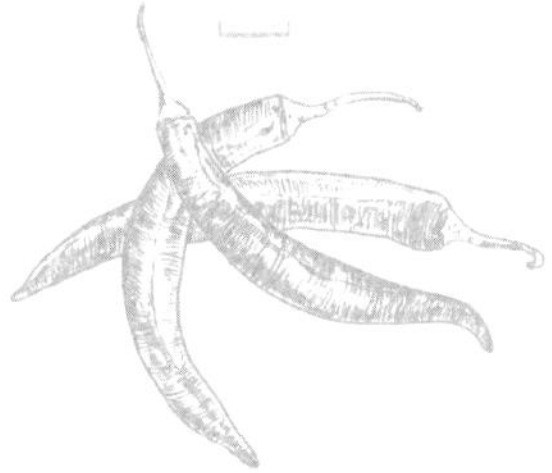

江南多水路，沿海地區更多漁獲，吃魚自然也就挑挑揀揀。馬鮫魚、青鱒魚被認為是「發貨」，賣得非常便宜。

新鮮的馬鮫魚通身銀藍色，愈大愈肥。腹部肉質鬆散，尾部紅肉多，腥氣較重。切一段最好的中段，反覆擦鹽，加蔥薑黃酒醃上一晝夜，魚肉會形成蒜瓣肉。鋪上用豬油煸過的新雪菜，加薑茸上籠蒸，是道鮮美異常的寧波「煞飯」小菜。

在臺北旅行時，喜歡走那些不寬不窄的小巷子，在高樓大廈、車水馬龍間存留著亞熱帶植物影影憧憧的生氣。不時看到有大陸東北老兵和家人開的餃子鋪，勤懇本分地在他鄉做一檔小生意。客人點了單，總要等上一陣，因為真是當場手工現包，皮滑餡鮮，形狀玲瓏。

有一款鮁魚水餃最得我心。雪白的魚肉餡，口感幼嫩，彈性適中。蘸上點香醋，咬開一只角，帶著輕輕生薑味的魚鮮即破空而出。每遇這樣的餃子鋪，我都專寵這一味鮁魚水餃，不肯換換口味。配一碗小店特有清湯，用番茄、豆腐、雞蛋和小白菜心煮的，顏色一如亞熱帶花園一般明媚可愛，一滴油也沒有，清爽微酸，與鮁魚水餃很是搭調。

但這一路吃下來，也沒弄明白鮁魚是什麼魚，亦不去深究。回上海後，有意無意留心菜單，只有兩次有幸在東北菜館裡吃到過鮁魚水餃，味道遠不及臺北小店手藝。

實在嘴饞，琢磨這鮁魚的味道有點像菜場常見的馬鮫魚。買一大條極新鮮的馬鮫魚，剔去肚襠和皮下紅肉，馬鮫魚刺不多，去骨並不複雜，白魚肉剁成魚茸，加入薑汁和少許黃酒充分打透。包出來的水餃果然與鮁魚水餃彷彿。趕忙又去網上查了，這北方人口中的鮁魚可不就是馬鮫魚，叫做燕鮁，青鱒魚被認為是稍差的鮁魚品種，叫做鮐鮁。

做鮁魚水餃，餡子裡還要稍加一些肥瘦相間豬肉肉末，並打入半碗花椒水，增香去腥提味，魚餡鬆而不懈口感更好。依樣又做了一回，果然對了，可一解相思。也有在魚餡中摻韭菜的，不不不，我偏愛鮁魚餡無瑕純粹的鮮潔。每次做鮁魚水餃，亦會依樣做那一碗番茄、豆腐、雞蛋和小白菜心煮的湯。好像他們兩樣是老照片簿子裡的一張發黃的夫妻合照，拆也拆不開的夫唱婦隨相。

青鱒魚在上海的菜市場售價極廉，形態和馬鮫魚相似，只是長得小，刺稍多，口味也要差一點，料理方法和馬鮫魚一樣。但是如果青鱒魚的脊骨旁有點點黃色的星狀斑點，則是非常少見的黃星青鱒，幾乎無人識貨，鮮美又勝過馬鮫魚多多了。

菜單

墨魚蛋燉蛋、鹹菜蒸馬鮫魚、茭白炒什錦、白切豬肝、茼蒿菜、油爆蝦、牛肉清湯撒一把香菜。祝大家端午節愉快！

姐姐黃魚麵

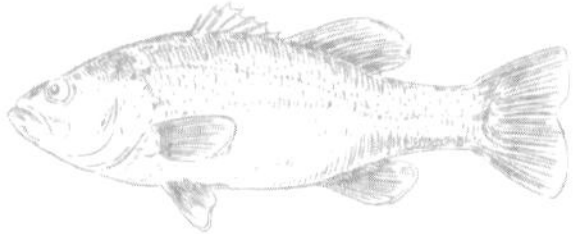

黃魚麵，應該叫黃魚煨麵。

小黃魚洗淨，像食人族那樣揭去魚頭皮，這個暴力的動作我一向請魚攤攤主代勞。將小黃魚兩面煎至脫骨，可很容易取下兩片完整魚肉，並剔去腹肉大刺。黃魚肉嫩，笨手笨腳的主婦難免弄散了魚肉，也不要緊，只是小金條變成了散碎銀兩，少了賣相。新雪菜切碎，加薑末，用豬油溫火煸透，將魚肉攤在淺碗內，淋黃酒數滴，雪菜覆在魚肉之上，上籠中火蒸五分鐘。

起油鍋，將拆下的魚骨加蔥薑炸透，加水，大火熬出鮮濃白湯，渣滓、浮油一概濾去。

麵條用比韭葉細、比銀絲粗的小細麵，鹼水不能過重。大水鍋煮麵，兩沸之後，移入魚骨熬製的湯中，加鹽，煨至軟硬合度。寬湯、重青盛入大碗中，麵上鋪排雪菜黃魚。

不用多費筆墨，也可以想像這樣的黃魚麵有多好吃。黃魚鞠躬盡瘁，鮮美全部貢獻給了麵條，麵才有資格以黃魚二字命名。

蘇式紅湯麵加兩塊糟溜黃魚，那不叫黃魚麵。只能叫一碗光麵和黃魚澆頭。而且如果是糟溜黃魚，實在不適合做麵澆。湯麵要燙口才好吃，糟味則低溫才能持久。做糟貨都要待食材冷卻入糟，才能香得進去，糟溜菜也必須最後出鍋前才淋糟油，否則糟香很快揮發掉。

我常常滿懷憐惜的心情，看著商業傳媒扮演著哈梅爾的吹笛人，驅使追逐美味的人，在被冠以「最最╳╳」之名的食肆酒家間奔波，並踴躍地掏出他們勤苦賺來的銀子。人總是會在多次的暗示或者明示後，輕而易舉喪失自己的判斷，粗糙了自己的味覺。

一定有人要問：那你說的就一定對？當然不。你看天下第一泉，在中國就有好幾處，各自擾攘，真偽莫辨。而無錫惠山的天下第二泉甘居其次，留下多少餘地，卻最有名氣。梅璽閣主一碗紅燒肉，江湖盛傳「影響了一代人」，也要冠以「蘇式」兩個字。我又怎敢專美，這黃魚麵，叫做姐姐黃魚麵。好不好吃，是不是正宗，需要你自己判斷。

帶魚很忙

從前，上海人是講究吃活的河鮮的。大概因為臨海，一年四季漁獲源源不斷從浙東運來，海魚、蝦蟹一點不稀奇。海蝦叫毛條蝦，紅燒燒，算是粗小菜。又甜又鮮的梭子蟹鉗論堆賣，不過清蒸了當零食吃。新鮮的小黃魚黃得像金條，已經很便宜，味道稍差的梅子魚就幾乎沒人吃了。帶魚呢，亮晶晶的銀子一樣，每一家的主婦都能將它做成各式美味家常小菜。

最好的帶魚是東海帶魚，肉質細膩而鮮，其他海域的帶魚就要差很多。市面上還有種非洲帶魚，身板寬大，顏色暗淡，魚眼紅紅的，魚身兩側的骨頭粗大得像一粒粒門牙，看起來生猛，口感極糙，且無鮮味，實在不堪食。挑東海帶魚首先要看顏色，得像那種成色極佳的官銀，閃閃有神；魚眼青色，眼眶銀白。東海帶魚不會長得太大，如一根腰帶一般，寬度恰如其名。

新鮮的帶魚中段，清蒸就很好，帶魚本身有油，口感肥得很，連隔天的魚凍都肥腴鮮美。帶魚頭肉少骨削，帶魚尾巴薄薄的，可物盡其用暴醃後乾煎。有種說法，說一盤帶魚端上桌，篤悠悠先揀頭尾吃的是有錢吃客，急吼吼一筷子下去只挑中段的是沒得吃的窮家。當然是個笑話，但是暴醃的帶魚頭尾炸香了過泡飯，確實一流。

帶魚煎過，加蒜瓣或辣椒紅燒，澆汁做糖醋或者茄汁帶魚都是常吃的；加點鹹菜煨一煨，不比雪菜大湯黃魚遜色；加酒釀圓子燒酒釀帶魚，是本幫家常菜裡極具巧思的菜式；冬天和蘿蔔絲同煮，亦湯亦菜；也可以加煎過的豆腐，紅燒或者白煮，吸飽了帶魚味的豆腐比帶魚還討巧；夏天，煎帶魚晾涼了，加點糟油做糟帶魚，是度夏的恩物。

帶魚這般滋味琳瑯，都少不了煎帶魚這道工序。煎魚已經不易，能夠煎好帶魚，技術必定及格。尤其現在攤主刮帶魚鱗，用一團金屬絲用力擦兩下了事，很容易刮破魚皮，煎魚難度更高。倒讓人懷念起從前專門替人刮魚鱗的小攤，各種魚類仔細收拾妥當，並不收費，只是留下魚鱗內臟，賣貓食賺錢。

將帶魚洗淨，加蔥薑、黃酒殺腥，放在竹篾匾籮裡晾乾表面，也可以用廚房紙將表面充分吸乾。傳統鐵鍋放在火上乾燒，燒至青煙四起，轉中小火，倒少量油，下帶魚慢煎。不要急於翻面，穩穩地等一面煎黃了再煎另一面。魚表面的充分乾燥和熱鍋至大量冒煙，是煎魚不會黏鍋的兩大關鍵。

煎出的帶魚，似結了一層薄薄脆脆的殼，輕輕咬開，魚肉滑嫩嫩的又香又鮮。我常常忍不住在這時候就吃上一兩塊，蘸一點點醬油，是廚娘專屬的隱祕享受。

東海帶魚裡還有一個品種卻又不是這樣吃法，這種帶魚叫油帶魚，魚身顏色銀白裡帶點黑黝黝的，含油量奇高，光看外表很容易走了寶。油帶魚千萬不要去鱗，和鰣魚不去鱗是同樣道理。輕醃一下，在帶魚表面拍點乾麵粉，就這樣油煎了吃，魚肉滋潤肥美異常。用其他做法的話，恐怕就辜負了雋品。

要是心相好，又值天氣適宜，就可以做一點漬油帶魚。這種寧波特有的帶魚吃法幾近失傳。選寬度不超過三指的油帶魚，用大量鹽和適量黃酒深醃三天後整條晾起來，和一般背陰風乾不同的是，必須曬到一點冬天淡淡的陽光，但又要控制好溫度不能長時間直射。或是晨曦，或是夕陽，一天兩次和煦的照耀下，三、五天後帶魚會漬出一種臘味特殊的油香，只差一點點就變成油耗氣，分寸極難掌握。用蔥薑蒸了吃，濃郁醇厚，確屬奇花。

行文至此，一時興起在微博上徵詢各地帶魚的吃法，跟帖中竟然有人曬出一本一九五九年出的烹飪書，就叫《帶魚食譜》，真想一賞奇文。一條平凡不過的魚，便能寫出一本食譜，這大概就是中國家常菜的奇妙與美麗吧。

菜單

雪菜燒帶魚、梅干菜㸆肉、豬油渣白菜用一半豬油一半素油炒。沒有湯，都是下飯菜，煮一鍋薄粥。

輯伍

世事波舟

本地豆

梅同我說：我想吃本地豆了。

我曉得，伊講的是上海三林塘的蠶豆。

蠶豆，清明後陸續上市，上海人幾乎沒有不喜歡吃蠶豆的。蠶豆上市，家家飯桌上有一盆炒蠶豆。蠶豆季節不長，前後也就一個禮拜，上海人便不離不棄吃足七天。曾經有過一年蠶豆大年，巨量豆殼造成垃圾清運困難，還上了新聞。上海人吃蠶豆講究吃本地豆，就是三林塘出產的蠶豆，外地來的蠶豆叫做「客豆」，多少有點水土不服。

三林塘的本地豆顆粒比客豆略小，體形飽滿，有明顯的腰身。剝開豆莢，裡面的豆子水靈靈，綠中含翠，裹在一層毛茸茸的白衣裡，如同嬰孩襁褓中露出的足趾，又如錦匣中深藏的碧玉。客豆也綠，但綠中有股淺淺的灰白。客豆和本地豆長得挺像，一眼之下難辨主客，可以用指甲掐一下豆殼，探測豆肉的剛糯，也是完全憑感覺的，難以文字盡述。客豆性子剛強，燒不酥，口感奇劣，且缺乏豆子的清香，成菜後色面灰綠無光澤，幾乎一無是處。沒有經驗的主婦買到客豆實在是件令人懊惱的事情。

我媽媽說，蠶豆要現剝現炒，若是剝出來等上三、四個鐘頭被風吹過就會老，剝出的豆子也不能洗，洗洗也會老，再說豆莢內原是很乾淨的，只要剝豆時洗乾淨手就是了。我將信將疑，但同樣一盆豆，媽媽炒出來的，硬是不一樣：豆腥祛淨，豆香正濃；皮酥肉糯，入口似可含化，卻又保留豆肉豐滿的口感，是形散神不散的意思；鹹甜皆已深入，色面卻還保持了油油的碧綠。

許醫生是爸爸的一個單身朋友，酷愛蠶豆，每年蠶豆上市，媽媽總會專門招呼他來家裡吃豆，飯桌上一盆豆吃乾淨，媽媽再另炒一份，盛滿一個特大號的鋼宗飯盒給許醫生值班當宵夜。還有一個汪家伯伯，每來我家吃豆，別的什麼菜也不要，只要蠶豆過老酒，總要將我家燒菜的料酒也喝得乾乾淨淨，才心滿意足歪歪扭扭回家去。

三斤蠶豆剝去豆莢可得一斤不到的豆粒，再少炒不好。油稍微多一點，切大量的蔥花待用，油鍋八分熱倒入蠶豆翻炒，加一半蔥花，待豆粒吃進油，加鹽、糖，加水，加另一半蔥花，翻勻，蓋上鍋蓋，中大火幾分鐘後掀蓋，收一收湯汁出鍋。炒蠶豆因為有殼，不易入味，鹽和糖要稍許多加點。水的量很重要，一般加到將要淹沒豆子的樣子，一次加準，太少豆子燒不透，又不能半途掀開蓋子再加水，否則豆子就要變色。

蠶豆一天一個面孔，第一天的豆，連殼都是清甜的，嫩得幾乎不用吐，接下去就一天比一天老一點點，落市前幾天的蠶豆，豆粒上長出了黑色的嘴巴，這時再炒蠶豆，要將豆粒頂上剝去一小段皮。再後來就好吃豆瓣酥了，鹹菜豆瓣酥，算是蠶豆謝幕前精采的亮相。

現在上海的三林塘地區通了地鐵，造了「平改坡」，已經沒有農田與農人了，哪裡還有三林塘蠶豆呢？市面上的蠶豆都是日本豆，是日本的大棚改良品種，豆粒胖墩墩，像一切舶來的人或事物一樣神氣活現，燒出來也酥也糯，但跟三林塘的本地豆還是不能比，別的不說，至少日本豆的殼永遠燒不酥。橘生淮北則為枳，信也。

本地豆，如此平民化的美食，在城市的進程中被終結，成為傳奇。

傳奇不是高價，傳奇是縱然價高而不可得，傳奇是無價。

傳奇是曾經發生過，以後永遠也不會再發生的美好的事情。

菜單

茭白炒雜菇、清炒太湖菜、清蒸手工豆腐蘸瑤柱XO醬、紅燒箬塌魚，箬塌魚要挑紅邊粗鱗的，別的品種味道要差很多，肉粗無鮮味；蘿蔔小排湯，撒一點芹菜葉，特別清香。甜品是芋艿蘸白糖。

八寶辣醬

大學住讀四年，每個週末返校，本地學生多數會從家裡帶點小菜幫補伙食。用裝糖水桃子的玻璃廣口瓶，或者鋁製大飯盒裝著，帶得最多的無非兩種小菜：炒醬，鹹菜炒肉絲。是因為鹹，經得住久放。尤其炒醬，鹹鮮微辣，材料花頭又多，正適合貧寒學子壓飯解饞。

上海炒醬原本大概也是處理食材邊角料的一道發明，屬於非常家常的小菜。但是材料的簡繁，可以差得很多。

最簡陋的炒醬，永遠是食堂榮譽出品。馬鈴薯丁、豆腐乾丁，極少、極小的肉丁，大量的醬，色香味皆無，平白壞了上海炒醬的名聲。

家製炒醬，一般放瘦肉丁、豆腐乾、花生米，加醬一炒，是最基本的配置。冬天加點冬筍、夏天加點茭白，脆脆的，口感異趣。加香菇也好，連發香菇的水也一起炒進去，炒醬的味道就高貴一點。如果再放點蝦米呢，就算海鮮炒醬。你別說，雖然只放那麼幾隻蝦米，海味的鮮還真的拔得出。

再講究下去，就是八寶辣醬了。八寶辣醬是上海本幫菜館老飯店的當家名菜。八寶辣醬的「八寶」是個實數，不像四喜丸子之類，數字只是虛晃一槍。必須要有這八樣食材：豬肉、雞肉、鴨胗、豬肚、蝦仁、冬筍、白豆腐乾和花生仁。過年過節，常有現成配菜的半塊肚子，兩只胗肝，這時在家裡燒一只八寶辣醬倒還不難。平常日子特地要吃這一味，光按最低比例配齊材料已經要費點周章，且每種食材都要一一打點。

豬肉，要取緊實的豬腿肉，以區別於雞胸肉的嫩滑，分別上薄漿炒熟；鴨胗和豬肚都要事先煮熟，鴨胗不易入味，是材料裡唯一要切片的一種，豬肚要選厚垛垛的肚尖，才切得出肚丁。冬筍先煮個十分鐘，去除筍的澀味。豆腐乾也需焯水，一定要選本色的白豆腐乾，蒲包豆腐乾、燻乾、五香豆腐乾都會搶味，在這道菜裡並不適合。花生仁去衣、油氽、冷卻。

你看，忙了這許久，材料剛剛配齊，可以開始炒醬。八寶辣醬雖然帶個辣字，但仍是上海式的小辣怡情，辣遠遠不是主角。老飯店的八寶辣醬用的是豆瓣醬，我自己喜歡加一半甜麵醬，豆瓣醬鹹香，甜麵醬鮮潤，於味道上相互有個照應，再加上一點辣椒醬，三種醬齊心協力，有統領一眾食材的力量和擔當。

辣醬要先炒，煸出紅油待用。再另起油鍋，將豆瓣醬和甜麵醬一同反覆小火翻炒至潤滑剔透。將上述除花生米、蝦仁之外的六種食材及辣醬一併倒入翻炒。有人用肉湯、芡粉著膩，我不太贊成，八樣食材已經足夠鬧猛（滬語：熱鬧），再加肉湯芡粉反而霧酥（滬語：黏膩，不清爽）了。要讓醬料掛住，只要加糖收一收起稠即可。花生米為了保證香脆，要最後拌入。

別忘了一邊的蝦仁，手剝的新鮮河蝦仁，只要加鹽稍微捏一捏，紗布吸乾水分，快油拉一拉出鍋。像是給深栗色的炒醬蓋上一頂粉紅的小帽子。這也是有定規的，河蝦仁非常嬌嫩，不能同其他食材一般和醬一起炒，一定是單獨炒製，額外加在八寶辣醬之上，才算地道。

我最愛吃八寶辣醬裡的肚丁和筍。無肉不歡的哥哥當然專挑肉丁、雞丁。喝酒的，筷子尖盯著花生米和鴨胗。又有人偏愛被醬汁煨得鮮香的豆腐乾，於一碗本色難辨的炒醬中有本事將豆腐乾丁揀得乾乾淨淨。

八寶辣醬宜酒宜飯宜麵。現在有用八寶辣醬炒韓國小年糕，非常好吃，是很高明的創造。

菜單

炒花菜不用將梗子去得太短，花菜梗也很好吃，且菜價又是那麼的貴；蘿蔔燒羊肉丸子，薑絲酒蒸老鰻，干貝蒸黃芽菜，五花肉燉生敲，薺菜百頁包，黃芽菜雞湯，烤饅頭片塗鴨肝醬，肉絲炒麵，搭一碟蒜蓉煸的紅辣椒，筷子頭那樣一朵，已經辣煞人。——別誤會，一天的飯食吶。

紅米莧、白米莧

有一段時間，張愛玲和母親一起住在開納公寓，每天到對面明月新邨舅舅家吃飯，要帶一碗菜去。「莧菜上市的季節，我總是捧一碗烏油油紫紅夾墨綠絲的莧菜，裡面一顆顆肥白的蒜瓣染成淺粉紅。在天光下過街，像捧著一盆常見的不知名的西洋盆栽，小粉紅花，斑斑點點暗紅苔綠相同的鋸齒邊大尖葉子，朱翠離披，不過這花不香，沒有熱呼呼的莧菜香。」

從此，張迷們說起莧菜，會津津樂道於這一段，感嘆張愛玲真是小資祖奶奶，一碗米莧都寫得無限旖旎。我卻從沒在文字裡讀出什麼小資情調。

那些日子，母親手頭也拮据，送愛玲去英國讀書的錢是拿不出來的了。是有那麼一點悽惶的吧，在舅舅家搭伙，還要帶一個菜去，大概這樣可以吃得稍微心安理得一些，大概這樣更像親戚間的家常走動。是有那麼一點尷尬的吧，所以讓半大的孩子端著，不知道十八歲的張愛玲是不是已經明白什麼是蒼涼的手勢。都顧不得了吧，這些輕微的啃噬，錦袍裡的蝨子。夏日天光下，只呆呆看著手中的莧菜，想像成西洋的花兒。看得我心裡涼涼的，落寞得很。

上海人把莧菜叫做米莧，一說是指米莧嫩葉米米哚哚（滬語：很小），又一說是指米莧口感如米軟糯。總之上海人是蠻喜歡吃米莧的。夏天最先上市的是綠米莧，也叫白米莧，這裡的白是本色的意思，並不真的是白色。米莧吃的是個糯勁，要足夠嫩的米莧才行。挑米莧，可以鬆鬆捏一把葉子，不用很有經驗，米莧的老嫩很容易憑手感分辨。

等白米莧長到十足，梗子直徑可以像只銅板那樣粗。這時的米莧，自然是不能炒來吃了，寧波人把它扔進臭甏裡，發酵一段時間，就成了著名的寧波三臭中的莧菜菰。這個「菰」字，我也不知怎麼寫，自己挑了個文雅點的。也可能是「菇」，也可能是「管」，也可能是「梗」，被寧波人帶著濃濃的鼻音念出來，好像已經有一股重濁之氣撲面而來。一般人實在是無福消受的。

白米莧老了，上海人喜歡的紅米莧就接著上市了。紅米莧有深綠與玫紅相間的葉子，炒出來湯汁也是玫瑰紅的。

炒米莧，大部分人還是會像普通清炒蔬菜那樣，開大油鍋快炒。油鍋嗤啦啦一響，米莧便被炒得軟爛無骨，神色盡失。

米莧揀去老莖，只留最嫩的部分。起個油鍋，將拍碎的蒜瓣煸香，加入半碗水，鹽少許。再開後投入米莧翻炒均勻，加蓋燜半分鐘，略翻出鍋。這樣炒出來的米莧——嚴格說是油鹽水焯出來的——特別軟糯柔潤，很好地保存了米莧的清香。如果燒上湯米莧，就將清水換成上湯，再加點切碎的皮蛋、火腿末或者乾貝絲吊鮮。上湯米莧只能用白米莧。

我一直覺得白米莧味道比紅米莧好，甚至連白米莧特有的淡淡澀味也一併喜歡。不過紅米莧在顏色上真是完勝的，沒有別的菜可以紅得這麼明豔了吧。小時候，每吃紅米莧，大人用這湯汁把我碗裡的米飯染成玫瑰色，哄我多吃半碗。我覺得這美麗的紅米飯很可展覽炫耀一番，就會向大人申請，要端著飯碗和弄堂裡的小朋友們一起吃，卻從未被允許。母親一邊輕輕斥責我女孩子吃要有吃相，不可以沒規沒矩，一邊挑出菜裡我不喜歡的蒜瓣，往我的青花米通碗裡搛兩筷子紅米莧，一隻煨透的雞汁百頁包，又盛出一小碗紫菜蝦皮冬瓜湯待涼。

於是，孩子漸漸定下心來乖乖吃飯。窗外知了在叫，暑氣並未褪去，已覺清涼靜逸。

菜單

米莧黃魚羹、涼拌茄瓜、滷水豬肝、毛豆子蒸臭豆腐，加小小一朵辣火醬——難道不是一幅淡淡好山水。

蘿蔔乾炒毛豆

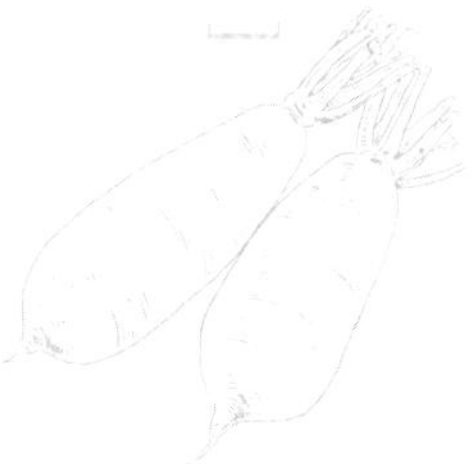

小時候住在淮海路上，東邊是Art Deco高手烏達克設計的國泰電影院，文藝復興風格的法國海員俱樂部；西面有拜占廷式的洋蔥頭東正教堂和大片的梧桐花園；背面淮海醫院的紅磚樓寬闊的陽臺上，精神失常後的周璿曾經躺在竹榻上曬太陽；對面是張愛玲與姑姑小住過的偉達飯店。這一片區域，可算是所謂高尚住宅區。住家雖然不是獨門獨戶，但也在很大限度上注意個人隱私，鄰居的門裡風光也不是隨便得見的。

就在偉達飯店（後來改稱錢塘大樓）的旁邊，奇怪地夾雜著一條叫做錢家塘的巷弄，地面是彈硌路，房屋泥木參半，陳舊陰暗。大概因為通風光線不好，除非寒冬，許多住戶常年敞著門窗，室內景象一覽無餘。尤其夏日晚飯時分，家家戶戶喜歡在門口搭張小桌子，或者擱一張排凳，大人小孩穿著睡衣睡褲，坐個小板凳圍著吃飯。有人多坐不下的，乾脆端只粗瓷藍邊大碗，滿滿一碗飯上堆著各樣小菜，倚著門框邊吃還邊和鄰居家長里短地聊天呢。

這種熱氣騰騰的世俗的景象使我產生莫大的好奇。傍晚放學，我喜歡繞一點點路，從這條錢家塘穿過去回家。一邊聞聞巷子裡燒煤爐的煙火氣、洗衣服的鹹肥皂淡淡的鹼水味，一邊觀賞各家各戶晚飯的小菜。

這家今天是乾煎帶魚，小是小點，煎得倒好，均勻的金黃色齊整挺刮；乳腐滷空心菜已經有點變色，大概是炒出來有一歇（滬語：一會兒）了。那家人家一桌的菜不是清蒸落蘇（茄子）、清蒸鹹肉，就是小蔥拌豆腐，也許是不懂算計的媳婦提前用完了按月配給的油，只能吃得清淡點。這家人多，碗碗盞盞一大堆：辣火醬臭豆腐、油燜茭白、鹹菜豆瓣酥、糟油雞毛菜、油豆腐炒黃豆芽，全是素的，單單中間三寸高碩大的湯碗，紮足（滬語：分量足、用料足的意思）一碗淋過麻油的米莧黃魚羹。瘦得柴片一樣的老伯伯在吃老酒，一碗螺螄、半只鹹蛋是稱心的下酒菜。蘇州阿婆一只八寶辣醬燒得考究得來，又是蝦仁麼，又是肚尖。阿末（滬語，最後）一家人家，飯已吃罷，桌面上碗底都空了，倒又端出來一只寫著棉紡七廠紅字的搪瓷飯碗，滿滿一盆橘紅色的蒸梭子蟹蟹鉗，空口蘸蘸薑醋吃……

這些小菜有的是當天新鮮燒出來的，也有的一次燒一大碗，一碗吃好幾頓的，比如梅干菜烤肉、紅燒鰲魚乾、四喜烤麩、鹹菜肉絲，叫做看家菜，經久不易壞，有以備不時之需的意思。有一道小菜，是以前夏天裡上海人家不論貧富，幾乎家家常備的看家菜——蘿蔔乾炒毛豆。每天一條錢家塘從頭走到尾，十家飯桌上倒要見到它六、七次呢。

上海人一年四季喜歡吃茶淘飯，就是泡飯，夏天更甚。我覺得蘿蔔乾炒毛豆是最佳泡飯伴侶之一。鮮鹹帶甜，清爽可口。這菜聽著簡單，無非是兩樣稀鬆平常的食材放在一起炒炒，但要炒好，講究可大了。首先，毛豆要選本地出品的「牛踏扁」，這品種的毛豆殼帶點黃，看起來扁扁的，像被老牛踏過一腳，故名之。和其他品種的毛豆比，「牛踏扁」外觀並不漂亮，但「牛踏扁」一燒就酥，吃起來又糯又香，還帶點甘甜。蘿蔔乾要選蕭山蘿蔔乾，鹹中含甜，脆中帶韌，吃起來有股軟硬勁。常州蘿蔔乾也好，但口感脆，且比蕭山蘿蔔乾偏鹹，上海人喜食前者。選購的時候不用嘗，聞一聞就能分辨。

所以，標準的蘿蔔乾炒毛豆，應該叫蕭山蘿蔔乾炒牛踏扁。

蘿蔔乾用水泡半小時，切成比毛豆稍小的丁。毛豆洗淨，先白水煮熟，不能加鹽，這時一加鹽再好的毛豆也永遠煮不酥了。煮熟後的毛豆要用冷水激一激，如果不待毛豆冷透再入油鍋炒，就會被焐黃，沒了色面。起油鍋，油一定不能省，倒入蘿蔔乾中小火翻炒，蘿蔔乾吸飽油，加毛豆，等毛豆也吃進油，加醬油、大量的糖，再改小火，慢慢翻炒至毛豆與蘿蔔乾都掛上亮紅的汁水即可。

做這道菜，毛豆要比蘿蔔乾多，即使這樣，先被挑光的也總是毛豆。於是可以再加點毛豆回回鍋，絲毫不會影響此菜的風味。回過鍋的蘿蔔乾在油水醬汁裡浸透，反倒老而彌鮮，愈發的入味，也愈發的下飯。

錢家塘的家常菜展覽一直持續到一九九〇年代末，那時錢家塘旁邊開出了世界聞名的假名牌集散地向陽市場，住戶裡大多數是外來人口。我能觀賞到的小菜，也從以前的上海本地菜，變成四川的毛血旺、酸菜魚，廣東的燒臘，北方的餃子、烙餅等全國各地吃食的集錦。自然再也看不到蘿蔔乾炒毛豆這樣典型的上海小菜。

現在「牛踏扁」已經絕跡，蕭山蘿蔔乾正宗的也難得，要麼口感不正，要麼一味傻鹹。但我每年夏天還是會認認真真做這一味，純是應景，懷念過去的夏天。

菜單

老母雞冬瓜湯、醬油六月黃、清炒雞毛菜、毛豆子炒醬瓜、海派炸豬排是必須蘸點辣醬油的呀。

風扇冷麵

老早上海人的夏日，是石庫門穿堂風裡的籐椅和竹篾席，是女人頭髮上的雙妹牌花露水和孩子身上的痱子粉味；是一大杯另拷的散裝啤酒和光明牌中冰磚；是一只噴香的糟缽頭和一盤爽口的風扇冷麵。

風扇冷麵。冷麵的麵條是加了鴨蛋和重鹼水的小寬麵，顏色微黃，比一般的小寬麵還要薄一點。上海人講究夏天吃點含鹼的麵條，清清腸胃。先將麵條挑散了上籠蒸至六分熟，再下鍋煮熟，但不能煮過頭，否則就沒了嚼勁。

最早的上海冷麵，因使用冷水沖涼，衛生不合標準被禁售三年。回頭想想，那三年沒有冷麵的夏天，上海灘大概免不了有很多失落的食客。後來，四如春點心店首創將滾熱的麵條拌上少許食油，用風扇吹冷的方法。這樣加快了麵條的冷卻，並使麵條表面微微收乾，吃起來鬆落落、韌結結的口感，比原先更獲好評。冷麵就此浴火重生，用風扇吹涼的方式沿用至今，風扇冷麵的名字也就這樣傳開來。

初夏時分，上海的點心店紛紛闢出專賣冷麵的窗口。顧客從一個小小的窗口中遞進麵籌子，隔著玻璃觀賞師傅用一個綁著竹筷的加長柄調羹，篤悠悠往冷麵上加各種調味料。有溫水化開的花生、芝麻醬，有兌過的醬油、米醋、辣油和麻油。

這實在是讓人無法淡定的時刻，師傅的勺子在一個個調味料盆上熟練地翻飛，別的多點少點也就罷了，這噴香的花生麻醬偏偏是師傅最不肯多放的一種。這時的顧客，少不得陪著笑臉要求：「師傅，花生醬多擺點好口伐。」可不管你怎樣溫言軟語，師傅手中的調味料勺子是那麼地有原則，這樣的請求，據我所知，鮮少有人被滿足過。不過，當勺子飛到辣油面前，師傅都會粗聲粗氣問一句：「辣要口伐？」雖然多一個字都欠奉，對不太嗜辣的上海人，也算是很人性化的了。

後來，花生麻醬都不是什麼稀罕物了，我曾嘗試在買回來的冷麵中狠狠地加入花生麻醬，本以為可一償長久以來花生醬不能盡情的虧欠，誰知效果並不理想，因為太黏膩，反為不美。方才悟到風扇冷麵這調味料的比例，是像祖傳祕方一樣精確，等閒改不得的。堅守勺子上原則的師傅，無意中成了堅守美味原始配方的衛士。

就是這樣半勺，還要被師傅半路顛掉幾滴的花生麻醬，卻能從第一口起，襯托著醬油沉著的鮮鹹，米醋凌厲的酸，辣油活潑的辛辣和麻油的輕盈柔膩，毫不懈怠地香到最後一口。冷麵也可以有澆頭，有清淡的三絲銀芽、香菇麵筋，也有濃郁的五香辣肉、糖醋排條。但我覺得什麼澆頭也不如清冷麵最有味道，直截了當的鮮、香、酸、辣，全是落落大方的表情。

在北方生活的幾年裡，曾帶著對風扇冷麵的想念，試著用朝鮮冷麵一解相思。及至麵條入口，被那一撮辣椒灼痛，才知道那冰冷的麵湯和兩片蘋果遠不足以緩解那朝鮮辣椒的暴烈。難怪店堂裡的食客幾乎人手一根冰棍兒。這朝鮮冷麵是這麼個冷法，讓我驚詫有餘，回味不足。初嘗日本冷麵，是如一切日料那樣，安靜的蕎麥麵，頂一些海草和芝麻，看著已生涼意，味道卻難免寡淡到沒了脾氣。

唐朝有一種供官宦享用的冷麵，叫做槐葉冷淘。是在麵粉中揉入槐樹的嫩葉，光聽這高古風雅的名字，便可知必是美的。終因難以複製，只可神往，只可懷想。而上海街頭隨處可見的風扇冷麵，每年仍如期到來，帶著夏日的消息。

王琦瑤的家宴

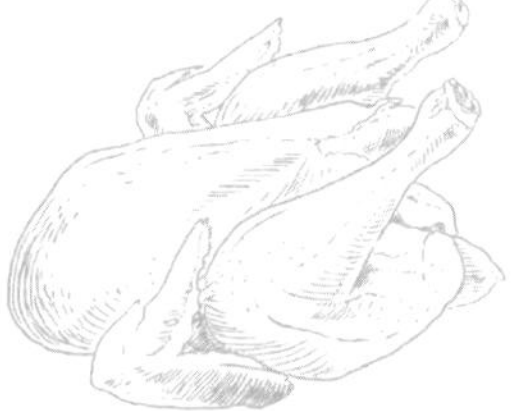

王琦瑤要請嚴師母和毛毛娘舅吃頓便飯。下午就開始準備。一隻雞，片下雞脯肉留著熱炒，半隻燉湯，半隻白斬，與鹽水蝦、皮蛋、烤麩一道，算四道冷盆。熱菜是雞片、蔥鯽魚、芹菜豆腐乾、蟶子炒蛋。

王安憶小說《長恨歌》裡的人物王琦瑤，是石庫門出身的上海小姐。因經歷了一些故事，收斂了情欲，謹慎著做人，於人情世故上，無疑是婉轉通透的。這一頓飯，正是與嚴師母熟絡，又與毛毛娘舅初生情愫時的第一次家宴。

王琦瑤彼時寒微，不比民族資本家太太嚴師母，家常吃飯也可以隨便叫廚房娘姨做隻飯店裡都比不過的八珍鴨。落雨寒天，就燒起精炭，添一只菠菜碧綠、粉絲雪白的暖鍋。下午點心，也是娘姨坐黃包車買回來的帶著湯的小籠饅頭。王琦瑤做這一桌菜，是「沒有一點要蓋過嚴師母的意思，也沒有一點怠慢的意思」。

看到這一桌冷盆、熱炒，很多上海人都會會心一笑吧。上海人喜歡白斬雞，隆重點的宴席少不了這一味。白斬雞的雞胸肉粗而無味，上海人叫它「戇」肉，可見是不喜歡。但是雞胸肉批得飛薄，快炒，就是上乘美味，有心的主婦才能因材制宜。鹽水蝦——呵，那大概是五月的天氣——河蝦當造，帶子蝦也不會太貴，用蔥薑鹽水汆一汆，體面又應景。

有皮蛋、鹽水蝦這樣簡單的料理，也要有一些精工細作的菜，才是個「不怠慢」。紅燒烤麩，我想應該是四喜烤麩吧，必要配上木耳、金針菜、香菇、冬筍、白果等山珍才齊美。不過在王琦瑤的時代，這些都是年節才有的配料，大概難以面面俱到。不過即使材料少幾樣，工序是一點也馬虎不得的。烤麩必須擠乾水分，用手撕成碎塊，以增加吸油入味的面積。配料過油煸出香味，加生薑、佐料與烤麩小火慢烤入味。少了燒不好，急了燒不好，油太多太少都燒不好，燒出來的烤麩，要鹹中帶甜，不乾不濕，香潤有彈性，很考工夫。

要是有多一個火頭，蔥㸆鯽魚也要同時燒上了。這道菜的河鯽魚不需要太大，小點反而入味，刺也容易酥化。大概也是王琦瑤經濟的打算。河鯽魚煎香，再一層蔥一層魚那樣鋪上兩三層，加醬油、糖和一點米醋，需兩三個小時才能透。有徹骨的濃香。下酒、過飯皆是恩物。

芹菜香乾，用本地黃芯藥芹，芹香濃郁又嫩得沒有一點渣滓，不拘配香乾、燻乾、白豆腐乾，都對味。和蟶子炒蛋一樣，只要事先切配好，臨時落落鍋，很快可以上桌。方便兼做廚娘的女主人忝陪末座，否則主人一味在廚房忙碌流連，客人不安，也是失禮、煞風景的事情。

反覆端詳這一桌菜，顏色漂亮，葷素、濃淡調停得當，兼顧了製作成本和時間的統籌。這般看似波瀾不驚，卻極有用心，真真是一個上海女人的作為。

《長恨歌》後來被拍成電視劇，是少見的改編比原作更動人的作品。女主人公這一桌意味深長的家宴，被導演一個三秒鐘俯視長鏡頭完整呈現。作者有心，編者亦不辜負，實在難得。再仔細看時，電視劇中，把蟶子炒蛋取消，而把雞湯換作了蛤蜊燉蛋。這一換，去了重複，添了精緻，就不僅是知音，而是更深的琢磨、行家的思量。這電視劇拍得實在考究。

王琦瑤的家宴，讓嚴師母看出女主人身分的端倪，也讓毛毛娘舅覺出了舊夢的悲苦與無奈，以致沒有聽見瑤瑤在叫他，遞給他一碗酒釀圓子。圓子搓得珍珠米大小，酒釀是自己做的，一粒稗子也沒有。

……

菜單

紅燒蹄圈、黃魚鯗㸆毛豆子、青蒜煸蘿蔔絲、香菜辣豆豉拌香糕、蛤蜊燉蛋。今朝這飯是要多燒眼（滬語：一點）了。

包腳布與煎餅果子

整個上海，我最不喜歡浦東的金融中心地區。它太機械、太整齊、太乾淨了。這樣的地區，早點攤是沒有它存在的餘地的。

我喜歡看趕著上班的時髦女郎坐在早點攤瘸腿的板凳上，小心翼翼用一隻手護著前襟，撅著嘴吃一碗滾燙的縐紗餛飩或者豆腐花；我也喜歡看西裝筆挺的精英男站在黑乎乎的煤油桶爐子旁，等待打包一團粢飯或者一個加了雙蛋的包腳布。我喜歡看他們，用這樣平凡的樣子，開始新一天的英雄夢想。

我也很喜歡買一份包腳布做早餐，雖然我無論如何也想不明白，上海人怎麼會用這樣一個名稱命名一種好吃的點心？

南昌路陝南村後弄口，每天按時出現一個帶雨篷的小推車。爐子生得旺旺的，上面一塊光滑的圓鐵板。用小刷子在上面刷上油，倒上一勺麵漿，用一個竹蜻蜓一樣的東西靈巧地一轉，麵漿就變成一個均勻的大圓餅，這大概是製作過程中最具技術性的動作了。接著往餅上磕一個雞蛋，用那支「竹蜻蜓」攪散，翻一個面，塗上甜麵醬、辣火醬，撒上小蔥、香菜、榨菜三種作料，包上一根新鮮油條，一個「包腳布」就做好啦。

看到這裡，看倌們肯定跳起來說：嗨！說了半天不就是煎餅果子嗎？哪兒沒有啊？還用得著專門跑上海南昌路陝南村後弄吃去？

我在北方生活過三年多，心中常常生出知堂老人一樣的感慨。北方雖然出產小麥，但北方麵食的精緻可口往往遠不及江南。這其中固然有飲食習慣和口味的問題，更重要的是，北方的麵食是正餐主食，以吃飽為主，不需過度靡費；南方的麵食多為點心，以解饞為主，務必精益求精。北方的炸醬麵，粗獷豪邁，一大碗下去頂駱駝祥子一天的奔波；南方的三蝦麵，剔一上午的蝦子蝦腦蝦仁，才扭扭捏捏得一小碗三姨太的午後點心。這之間無所謂優劣，飲食原是生活的痕跡。

包腳布也是這樣，雖然它有這樣一個匪夷所思的名字，可是上海的包腳布做得精巧。它的麵漿細細的，不像北方的煎餅果子那麼稠厚，也不能摻雜糧。餅是加油攤的，烘出來還是軟軟的，正好和裡面油條的脆相映成趣。以前的包腳布攤子，總是挨著油條攤擺，為的是確保包腳布裡的油條剛剛出鍋。一口咬下去，吱吱有聲，香味撲鼻。

最早「包腳布」是在戲園子外面賣的，餅皮只得指甲蓋那麼薄，配著亮紅的辣椒，青翠的小蔥，嫩黃的雞蛋和熱油條，那是女眷們當散戲的宵夜吃著玩的。如果做成棉被那樣一張大餅，吃到撐，豈不無趣。

陝南村後弄的「包腳布」所用醬料尤其特別，我覺得是用葷素油炒過，並加了一些碎碎的蝦米和肉末，就是這一點點可能放大鏡下才能找到的蝦肉碎，讓他們的醬料分外鮮美滋潤，像極了這個城市的小生意人特有的聰明玲瓏。

現在住得遠了，不知道這個小小的包腳布攤還嗎？還在以固執、認真的手勢，呈現這名字奇特的美味嗎？

寧波年糕

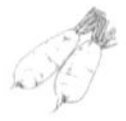

變著花樣吃了一個冬天年糕，吃過正月十五，可以告一段落了。上海人說年糕，不特指，就是說的白年糕，也叫寧波年糕。寧波年糕有個奇怪的特性，冬天是很經擺的吃食，一過正月十五，就不好保存，一定得用水浸著，每天早晚換水兩次，否則很快發出水腐氣，長出黴斑。它彷彿和節氣時令有著奇妙的約定，一天也不爽約，稍一偷懶，立刻給你顏色看。有人不信，大可以身試法。

寧波年糕樸實無華，吃法眾多。

塌棵菜冬筍炒年糕最好吃。先將冬筍肉絲炒好著味，塌棵菜炒至半熟，炒塌棵菜時不能加鹽，一加鹽，菜即大量出水，再和年糕同炒就黏成一鍋爛糊。另起油鍋，待油六分熱下年糕片，年糕片現吃現切，表面必須乾燥，且油溫切忌太熱，否則年糕片一遇高溫，立刻黏成一疊疊，再也撥弄不開。儘量讓每一片年糕兩面都蘸到油，然後轉大火，至年糕七分熟，倒入冬筍肉絲翻炒片刻，最後倒入塌棵菜，加鹽翻炒。最好的狀態是年糕片表面已經微焦，年糕熟軟，散發香味。炒年糕我頂拿手，每次家宴，砂鍋都撤了，這時再上一盆塌棵菜冬筍炒年糕，眾人總還是眼睛碧綠，筷如雨點般一掃而空。

炒年糕不容易做好，湯年糕最便當。過年嘛，家裡總有大鍋雞湯備用，雞湯一燒開，丟入冬筍片煮透，再下黃芽菜和年糕，五分鐘便是一頓好飯。沒有雞湯，就用鹹菜肉絲放湯煮年糕，加一勺豬油，也很鮮香美味。再不濟，隨便什麼殘湯剩菜，因著年糕細滑軟糯口感和甘甜的稻米香，煨一煨總也很可口。

寧波人過年做㸆天菜心，喜歡埋點年糕條進去焐透，最後年糕比天菜心更清香入味，總有人挖寶一般率先把每一塊年糕挑吃乾淨。

毛蟹年糕也是一樣，剩兩塊毛蟹不耐煩吃的，大有人在，飽吸鮮美蟹汁的年糕倒從不見在盤中被冷落。

年糕便是這般好脾氣，不論和什麼食材搭配，配角也好，主角也罷，總是默默汲取他人之精華，又絲毫不失自身甘香淳樸的滋味。

年糕切成丁，和桂花甜酒釀同煮，有韌悠悠的嚼勁，較酒釀小圓子別有一番風味。上海人以前常吃的水果羹，裡面的大西米，也可以用年糕丁替代。紅豆東加年糕丁也很好吃。或只是白糖開水煮一煮，清清的原汁原味年糕湯，待客是簡慢了，卻是隆冬午後的私房小點心。

張愛玲的《多少恨》裡寫宗豫去探望家茵，小洋爐子上「有一鍋東西嘟嘟煮著」，正是年糕湯！冒著熱氣的年糕湯，藍邊的粗菜碗，鏡子上貼著待乾的手帕，碎香水瓶裡插的洋水仙……母親鄉下帶來的年糕，是宗豫和家茵短暫愛情的主要佈景之一。愛玲實在是妙手，若是寫成麵條、餛飩、包子……難以想像換成任何別的什麼吃食，還會有年糕無言的溫存與體己。

我猜想家茵的母親是寧波人，否則怎會巴巴地給愛女帶了年糕來。寧波年糕是用純晚粳稻的新米舂出來的，考究得很，煮熟的年糕如同嬰兒的肌膚一般幼滑細膩，別處出品不及十分之一。現在市售年糕每每以寧波為號召，但因原料不對，工藝潦草，只好摻雜大量糯米蒙混過關，回味韌勁全無，口感黏滯，久煮湯必混沌。和正宗寧波年糕不可同日而語。

寧波還有一樣稀罕吃食，叫做「塊」，我不知道這個字正確的應該怎麼寫法，倒是要大米加糯米一起舂的，做成扁扁圓餅狀，色面和年糕類似。「塊」並不舂磨得很細，和豬油黑洋酥一起上籠蒸透，其滋味非溫香軟玉四字不能形容。現今大概也只有到寧波鄉下，才能吃到了。

小蘿蔔鴨舌湯

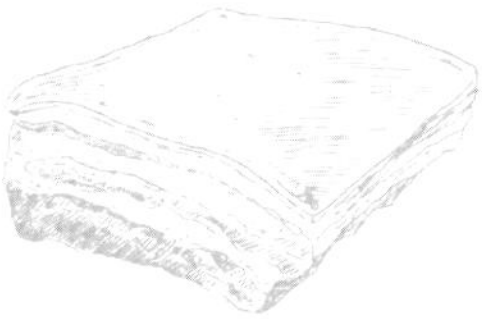

李碧華形容張愛玲是「淘不盡的一口古井」，這八個字，也就算說到極致了。張愛玲一篇《談吃與畫餅充饑》，行文處古今中外五六十種吃食，款款寫得妙趣橫生，耐人尋味，不過一萬字出頭一點。放在今天，字體放放大，行距拉拉寬，兌點水，配點圖，每一段都足可充一個美食專欄了。

被一枝妙筆形容過的美食，總是令人心嚮往之。文中提及一道她在天津常吃的鴨舌小蘿蔔湯，「……咬住鴨舌頭根上的一塊小扁骨頭，往外一抽抽出來，像拔鞋拔……湯裡的鴨舌頭淡白色，非常清腴嫩滑」，這些文字令人食指大動。超市裡看到有新鮮的鴨舌和水紅小蘿蔔，想起昨夜打包回家的一隻烤鴨鴨架子，突然福至心靈。

鴨舌向來吃的是活肉的口感，本身並沒有太多鮮味，即使用兩斤鴨舌去煨半斤蘿蔔，也是枉然。假如用火腿湯強行提鮮，似乎又難以達到張愛所描述的「清腴嫩滑」境界。五花肉腩燉的清湯，鮮，油潤不膩，少量肉皮產生的膠質亦恰到好處，很可用來炮製這一味。而烤鴨的鴨架不也正好符合這幾點，且以原汁煨原食，應該更無二選。

鴨舌刮洗乾淨，用紹酒與鹽醃上待用。鴨舌不預先醃製，則不易入味。烤鴨鴨架一整隻，加蔥結、薑塊、紹酒，用綠豆小火慢慢吊三小時，切記不可使湯沸，湯沸則渾。最後也就收成三碗家常大碗的湯，鴨架已全不可食。撇淨蔥薑，投入鴨舌，依舊用小火煨一個小時。

蘿蔔要選李子般大小均勻的鮮豔豔水紅蘿蔔，味甘，質地細膩，最重要顏色漂亮，雖然燒煮後紅色淺至幾乎透明，倒也跟這湯的清雋相稱。水紅蘿蔔不要切，去頭尾，整只入湯，加鹽少許，焐個十五分鐘即可。

前後四個多小時，湯已收得釃然，但仍是清的，鴨舌淡白如玉簪，小蘿蔔泛泛如桃花，色香味形皆美不可名狀。難怪令遠在大洋彼岸的張愛玲念念不忘。

我很奇怪那些打著文化旗號的餐廳怎麼就沒人嘗試這道小蘿蔔鴨舌湯，何不掛個張愛玲家傳祕方，著書隆重推薦，兼傳奇懷舊的名目，大約可以賣個好價錢。

菜單

吃完飯用一點甜品收收口最愜意。一小塊香梨配一小塊新鮮山楂糕，牙籤叉著吃。菊花茶已經篩了兩潽。秋夜微有涼意。

國家圖書館出版品預行編目（CIP）資料

半間灶披間 / 食家飯著. -- 初版. -- 臺北市 :
時報文化，2014.05
216面 ;14.8×21公分. --（風格生活 ; CWF0011）

ISBN 978-957-13-5948-9（平裝）

1. 飲食風俗 2. 文集 3. 中國

538.78207 103006359

風格生活⑪

半間灶披間——上海小廚房・燒一桌人情滿溢本幫菜

作　者—食家飯
主　編—林芳如
責任編輯—王俞惠
全書設計—張小珊工作室
全書插畫—李希拉
執行企劃—林倩聿
董事長—趙政岷
總經理—趙政岷
總編輯—余宜芳
出版者—時報文化出版企業股份有限公司
10803台北市和平西路三段二四〇號四樓
發行專線—（〇二）二三〇六—六八四二
讀者服務專線—〇八〇〇—二三一—七〇五・（〇二）二三〇四—七一〇三
讀者服務傳真—（〇二）二三〇四—六八五八
郵撥—一九三四四七二四時報文化出版公司
信箱—台北郵政七九～九九信箱
時報悅讀網—http://www.readingtimes.com.tw
電子郵件信箱—big@readingtimes.com.tw
法律顧問—理律法律事務所　陳長文律師、李念祖律師
印　刷—盈昌印刷
初版一刷—二〇一四年五月九日
定　價—新台幣二六〇元
⊙行政院新聞局局版北市業字第八〇號

ISBN 978-957-13-5948-9
Printed in Taiwan